中共大理论家画传

张闻天画传

1900—1976

张闻天选集传记组◎编
程中原◎执笔

人民出版社

目　录

河海大学校园中的张闻天铜像。（程允贤　雕塑）

张闻天是忠诚的马克思主义者，杰出的无产阶级革命家和理论家，曾在一个较长时期在中共中央负总责（习称总书记）。从投身五四运动到“文化大革命”中含冤去世，他为中国人民的革命和建设事业奋斗了五十多年。他的光辉的一生，足以为中国共产党人的楷模、中国知识分子的典范。

农家学子

1900 年 8 月 30 日，张闻天诞生于江苏省南汇县六团乡张家宅（今属上海市浦东新区）一个家境富裕的农民家庭。取《诗经·小雅·鹤鸣》中“鹤鸣于九皋，声闻于天”诗意，起名荫皋，字闻天。

张家宅是一个只有十几户人家的小村，紧贴着一道海堤“钦公塘”。塘东一片荡田，到东海边不过十几里。沿浦东运河西行三十多公里，就是中国第一大都市上海。张闻天的童年是在一种淳朴自然的田园生活中度过的。父亲张芹梅，以勤劳能干闻名乡里。张闻天是长子，从小跟随父母参加劳动，养成了勤勉、俭朴的习惯。双亲体贴入微

↓张闻天故居。（上海市浦东新区张闻天故居管理所提供）

的关怀爱抚，江南水乡清新秀丽而又繁富多变的自然景观，陶冶了他温和自由、细致绵密的情致。张闻天生当世纪初新旧交替之际，时代风雷的激荡，欧风美雨的吹打，自然在潜移默化中给他以刺激和影响。

↑张闻天少年时期的卧室兼书房。

张闻天 6 岁发蒙，进设在张氏宗祠的私塾。第二年（1907）私塾改名养正小学，开始接受新知。1912 年 8 月 1 日，入南汇县立第一高等小学堂，成为肇建中华民国后该校的第一届学生。“南汇一高”是一所新式学堂，全部采用商务印书馆、中华书局最新编辑出版的课本。学校教学认真，管理严格，教师中不乏新派人物。张闻天在全班年纪最小，功课出类拔萃。深思好学，讷于言而长于文，

↓“南汇一高”旧址。（程中原　摄）

南匯縣立第一高等小學校二十周紀念冊 圖表 一四

第十二屆下段

黃慶鈞		本邑		城市第一校教員	本城北門
陳禹謨		本邑	吳淞省立水產校修業		本城南門陳家衖
莊 蔚	惕甸	本邑	上海圖畫美術學院畢業	征收書記	本城北門
張聰麟		本邑	浦東中學肄業		本城西門
衛竹生		本邑	省立第二中學畢業		本城東門添茂號轉
王雲鵬		本邑		市東鄉東蕩校教員	本城東門外裕蕃烟紙店轉
張蔭臯		本邑	吳淞水產校肄業	南京河海工程校肄業	
徐宗羽	鵠士	本邑		省立第三中學肄業	大團中市下塘徐起鳳堂
陶蓉康	祝齡	本邑		省立第三中學肄業	本城南門內
王禮儀	槐三	本邑	省立水產校畢業		周浦鎮松筵衣莊轉
姚宗琦		本邑	省立第三中學肄業		大團鎮寶訓堂
龍錫庚	樹國	本邑	浦東中學肄業	上海復旦大學肄業	本城北門
楊達東	介石	本邑	省立第二師範講習科畢業曾任晨暾第一國民校校長兼教員	遂北市國民校教員	新橋鎮倡興米莊轉
徐永齡		本邑	三墩第一國民校教員		本城西門徐斗垣肉莊
邢贊元		本邑		縣署書記	本城東門

↑“南汇一高”20周年纪念册中历届毕业生的通讯录。张闻天（即表内张荫臯）为该校第 11 届毕业生。

是他留给同学们的突出印象。他有一弟三妹，在他们的心目中，这时大哥完全是一个读书人了。假日归来，他独自在房里念书，还常常让母亲把房门反锁起来，不让弟妹打扰。过于用功的结果是眼睛开始近视。父母见他读书专心，不是农忙季节，也不再叫他下田干活了。

1915 年夏，张闻天从“南汇一高”毕业。8 月，就近考入设在宝山县吴淞炮台湾的江苏省立水产学校。他在这所学校的渔捞科学习了两年，由于身体不能适应海上捕捞作业，只得转学。1917 年 7 月，他以“相当学历”的资格报考全国水利局河海工程专门学校。三天后，7 月 20 日的《申报》上就登出上海考区录取名单，“张闻天”的名字赫然在目。于是，他成了“河海”正科第三届学生。

参加五四运动

↓河海工程专门学校学生宿舍。（河海大学档案室提供）

“河海”是张謇创议、黄炎培具体负责于1915年春在南京开办的，目的是为治理水患、兴修水利培养中国

自己的专门人才。在这里，张闻天学习了西方先进的科学技术知识，培养了求真务实的科学态度；熟练地掌握了英文，接触了欧美的政治思想与文化思想，受到了民主、自由的熏陶。特别是《新青年》杂志，对他思想的觉醒起了决定的作用。他在20世纪40年代初回顾个人经历时写道：“‘五四’前《新青年》的出版给了我很大影响，我的自我觉醒也于此开始。”[①]“1917年在学校中看到《新青年》，我的思想即起了很大的变化，我开始对中国旧社会的一切发生了怀疑与反抗，而景仰欧美民主、自由、平等的思想与生活。”[②]然而家中对他婚姻的包办和强制，却无情地摧残着他那觉醒了的“自我”意识，在他心里激起了对宗法制度和封建礼教的极端憎恶。

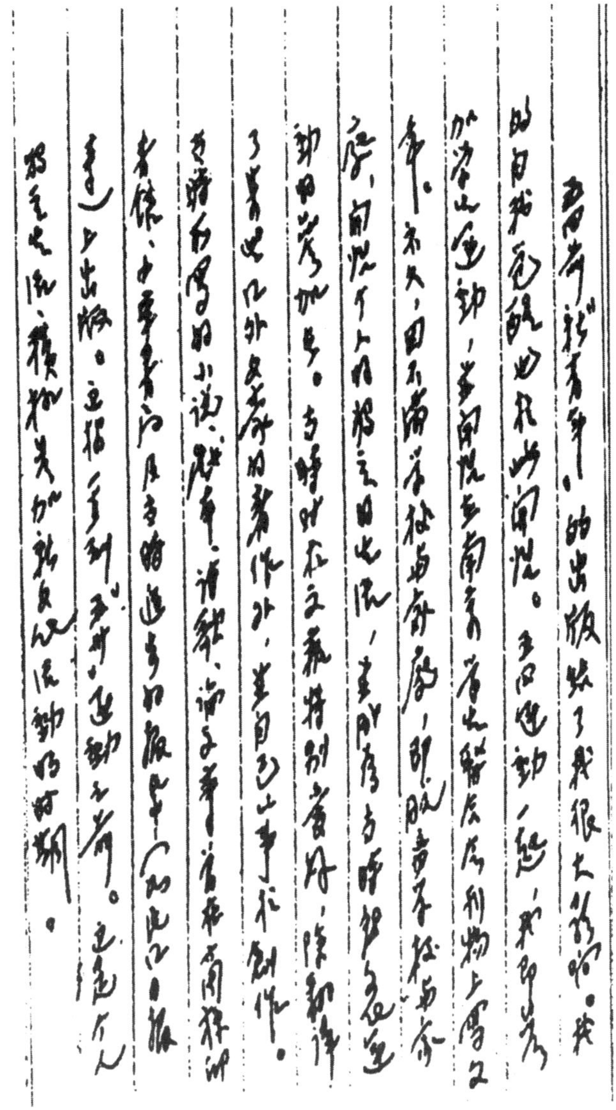

↑张闻天对五四时期的回忆手迹。（1941年1月14日写的《洛甫自传》）

① 《洛甫自传》（1941年1月14日）。

② 张闻天：《1943年延安整风笔记》。

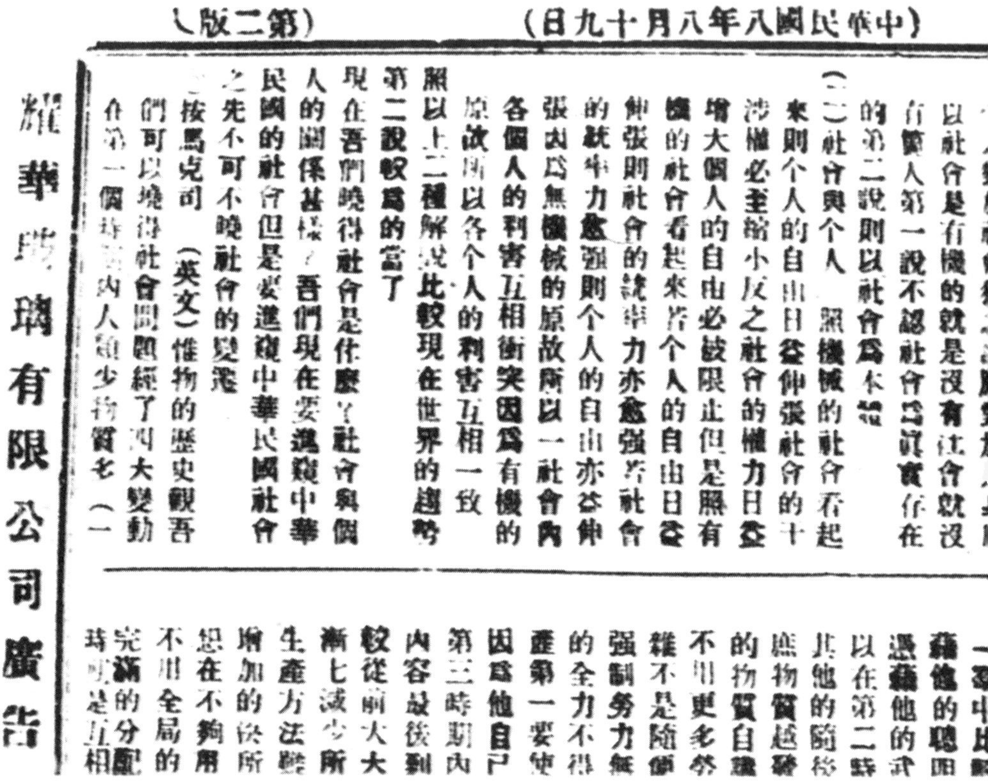

（中華民國八年八月十九日）　（第二版）

以社會是有機的就是沒有社會就沒有個人第一說不認社會爲眞實存在的第二說則以社會爲本體

（二）社會與個人　照機械的社會看起來則個人的自由日益伸張社會的干涉權必至縮小反之社會的權力日益增大個人的自由必被限止但是照有機的社會看起來若個人的自由日益伸張則社會的統率力亦愈強若社會的統率力愈強則個人的自由亦益伸張因爲無機械的原故所以一社會內各個人的利害互相衝突因爲有機的原故所以各個人的利害互相一致

照以上二種解說比較現在世界的趨勢第二說較爲的當了

現在吾們曉得社會是什麼了社會與個人的關係甚樣了吾們現在要講中華民國的社會但是要講中華民國社會之先不可不曉社會的變遷

（三）按馬克司（英文）惟物的歷史觀吾們可以曉得社會間題經了四大變動在第一個時期內人類少物質多（一

發蘊他的武　以在第二時　其他的附終　應物質越發　的物質自難　不出更多些　維不是隨便　強制勞力無　的全力不得　產第一要使　因爲他自己　第三時期內　內容最後到　較從前大大　漸七減少所　生產方法雖　增加的供所　想在不夠用　不出全局的　完滿的分配　時可是互相

正当1918年二三月间张闻天最为苦闷的时候，十月革命的胜利愈益引起中国舆论的关注。张闻天深受“劳农革命”胜利的鼓舞，在黑暗中依稀见到了曙光。他开始尝试从马克思主义的理论与十月革命的实践中去探求改造中国的新路。

1919年五四运动爆发，张闻天立即投身南京学生运动，成了“河海”最为活跃的几个学生之一。6月23日，《南京学生联合会日刊》创刊，张闻天是它的编辑科科员、

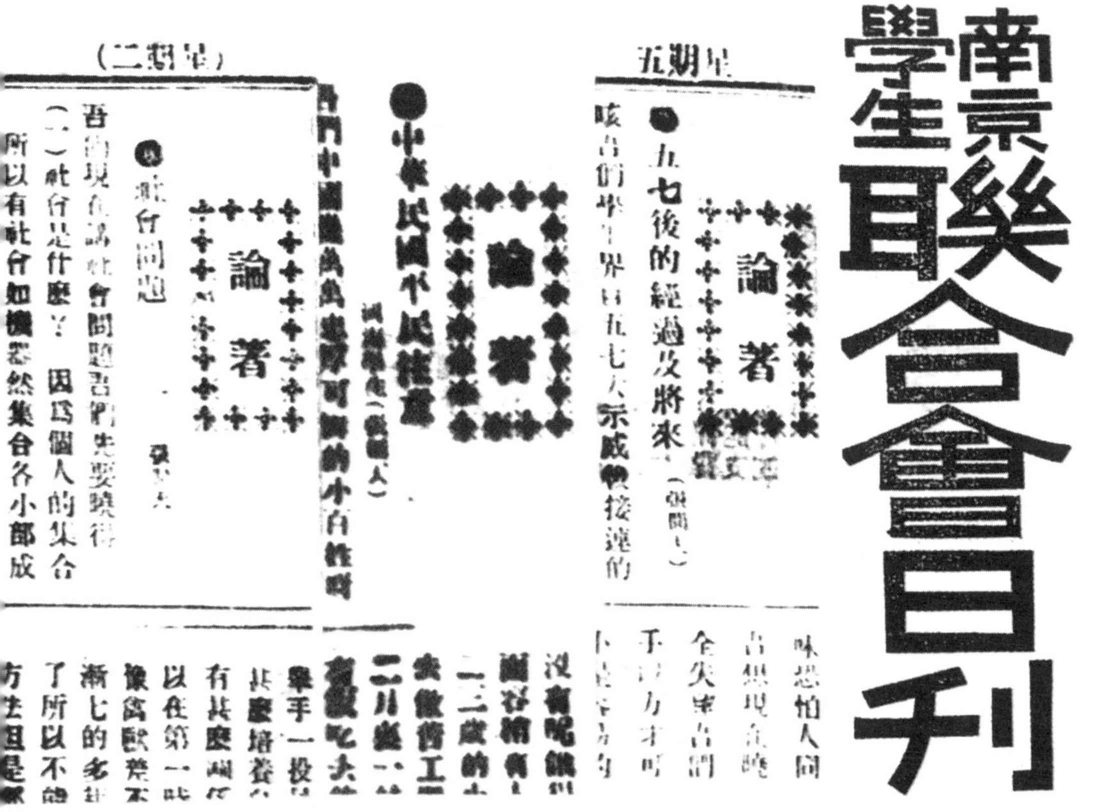
南京學生聯合會日刊

星期五

論著

五七後的經過及將來

星期二

論著

社會問題

↑张闻天1919年8月间在《南京学生联合会日刊》上发表的《社会问题》。（南京大学图书馆提供）

重要撰稿人，开始了最初的政治、社会活动。他在这份日刊上发表了不少政论、杂评和随感录，表现了他渴望解救中国的爱国感情，进行思想启蒙的热忱，特别是学习运用马克思主义、探索改造中国道路的苦心。

五四爱国运动以北京政府被迫释放学生、罢免国贼、拒签和约而告结束。在所谓“薄海同欢”的情况下，张闻天清醒地反复申说：“吾们要晓得，不声不响、电报战争、切实劝告、奔走呼号、奔都请愿，对于现在政府都是没用

↑张闻天 1919 年留影。（选自《少年中国学会周年纪念册》，中央编译局提供）

的”，“这无用的，现在吾们不要去做他”；要“想别的法子”。在当时关于解决中国社会问题应取“激烈的”还是“温和的”办法的辩论中，张闻天肯定前者。他写道：“武力政治、强横的中央集权、卖国贼、安福系、腐败的政党，一切废除，然后建设这民主共和国。”①

张闻天最为引人注目的文章是《社会问题》②。在这篇文章中，他紧紧围绕中国革命这个根本问题阐述和宣传了马克思主义。他尝试运用唯物史观来考察中国的社会问题，指出：“按马克思唯物的历史观”，社会发展经历了四大变动。张闻天运用这种科学的世界观来“进窥”即观察当时中国社会，认为辛亥革命取得的进步被袁世凯和北洋军阀废弃了，中国依旧退回到封建专制时代去了。出路何在？他的回答是唯有“革命”。革命的目标是“铲除士大夫阶级”；革命的方式“大约是同欧洲旧式的革命差不多”，主要的区别在于革命的动力不同：“起革命的”主力“是劳农界人（就是工人和农人）”。张闻天阐述的革命主张，显然是总结了辛亥革命的教训又学习了十月革命的经验而得到的。张闻天还认为中国革命需分两步走。他指出，“劳农界人去士大夫阶级的革命”取得成功，“实行普选的民主政治”，“这是吾们第一步的办法”；在这之后，“再讲第二步”，即社会主义革命。文章相当具体地对比

---

① 《中华民国平民注意》、《“五七”后的经过及将来》，分别载1919年7月22日、7月11日《南京学生联合会日刊》第26、17号。

② 《社会问题》连载于1919年8月19、20、21日《南京学生联合会日刊》第50、51、52号；其中51号迄今没有找到。

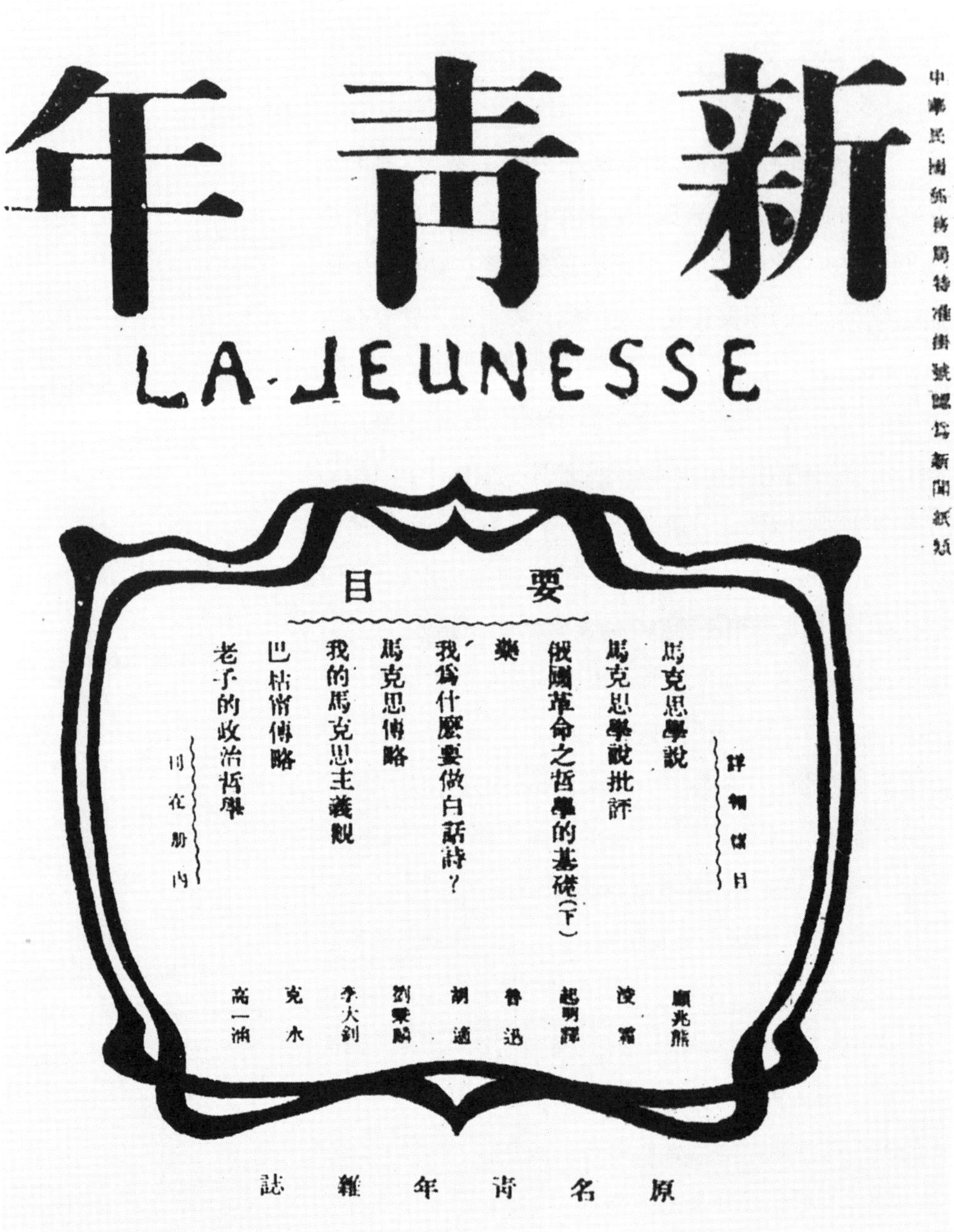

新青年

LA JEUNESSE

中華民國郵務局特准掛號認為新聞紙類

要目

詳細目錄

馬克思學說　顧兆熊

馬克思學說批評　凌霜

俄國革命之哲學的基礎(下)　起明譯

藥　魯迅

我為什麼要做白話詩？　胡適

馬克思傳略　劉秉麟

我的馬克思主義觀　李大釗

巴枯甯傳略　克水

老子的政治哲學　高一涵

目在册内

原名青年雜誌

↑ 1919 年《新青年》出版由李大钊主编的《马克思主义研究专号》。

介绍了无政府主义和科学社会主义。文章对科学社会主义的内涵作了这样的表述：“组织：是劳动者把资本家推翻，由劳动者自己组织。一切生产机关都归政府掌握，实行中央集权。用国家资本组织一国家银行，有总理一切的权。

它很重视国家，所以亦重视政权。经济：是集合主义。就是把生产机关收归公有。所生产的物品，除可以作生产的，仍许私人所有。各尽所能，各取所值。”张闻天还在文章末段以肯定的态度全文摘录了《共产党宣言》第二章中的十条纲领（后通译十条措施），并将马克思、恩格斯在这十条前的说明文字也译述于上，指明了实行共产主义的方法“各国不同”，“若是很进化的国家，以下条例是很适用的”，突出地宣传了共产主义理想。

众所周知，李大钊主编的《新青年》第6卷第5号“马克思主义研究专号”因印刷延误是在1919年9月面世的，陈望道的《共产党宣言》中文全译本的出版是在1920年8月，而张闻天运用唯物史观分析中国社会、探讨中国革命问题和宣传《共产党宣言》的此文发表于1919年8月，真是吉光片羽，弥足珍贵。由此可见，他也是中国早期传播马克思主义的先进人物之一。张闻天在五四运动中的活动，展现了他日后成为理论家、宣传教育家的才华，是他革命一生的光辉起点。

↓ 1920年8月，上海出版的陈望道译《共产党宣言》中文全译本。

为实现社会主义做一个小卒

在“五四”爱国运动的大潮退落以后，张闻天经历了一段“向光明的地方摸索的时期”。1919年9月11日，《南京学生联合会日刊》因“重组会务”而“暂停”。张闻天乃实行当时青年中流行的激进行动：脱离家庭，脱离学校，脱离婚姻，在工读主义思潮影响下，投考了上海留法勤工俭学预备科。9月下旬被录取。从10月5日起，

↓1920年夏，张闻天（中）、沈泽民（右）、沈雁冰（左）在上海。（茅盾提供）

↑ 1921 年 7 月 1 日，张闻天出席“少年中国学会”南京大会。图为与会会员合影。第三排右一为张闻天。

他开始“日间习法语，夜间习工艺”的工读生活。但两个月后，张闻天离开了留法预备班。① 他认为现在还不是到法国去的时候，要将学问和事业“从根本上筑起”，必要时进社会这个“大研究室”之后，“方才到外国去”。他还说，“要读社会主义，不能不读哲学心理学等”。因此，他与同学刘英士租了一间小屋，潜心读起哲学来，“一心想找一个正确的人生观与宇宙观”。②

就在这时，一个刚诞生的进步青年组织——少年中国学会又吸引了他。这个学会的宗旨是“本科学的精神，为社会的活动，以创造少年中国”；会员以“纯洁、俭朴、实践、奋斗”为信条。它的南京分会在 1919 年 11 月成

① 张闻天致张东荪信，1919 年 12 月 12 日《时事新报·学灯》。

② 张闻天：《1943 年延安整风笔记》。

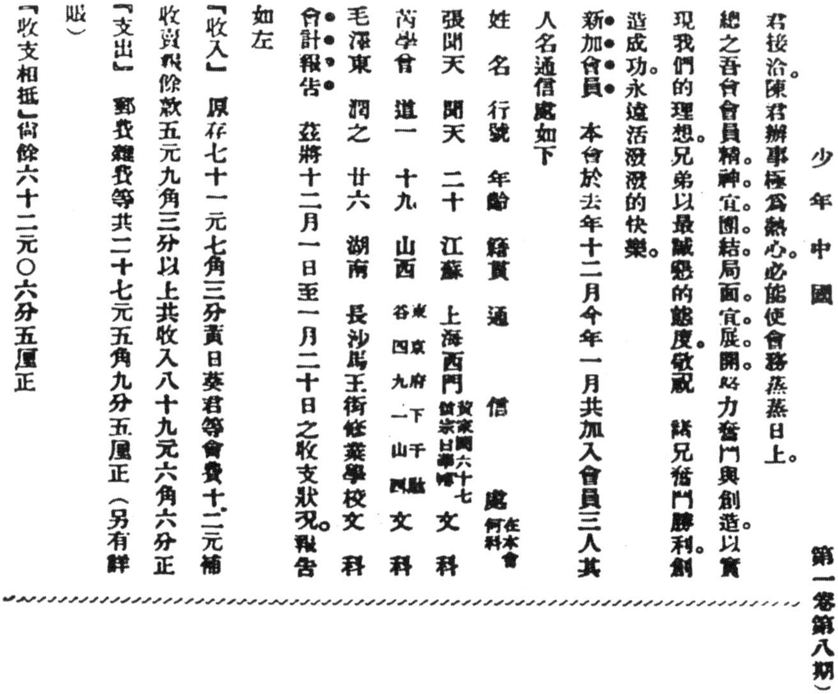

少年中國　（第一卷第八期）

君接洽。陳君辦事極為熱心。必能使會務蒸蒸日上。

總之吾會會員精神。宜。團結。局面。宜。展。開。以力奮鬥與創造。以實現我們的理想。兄弟以最誠懇的態度。敬祝　諸兄奮鬥勝利。創造成功。永遠活潑潑的快樂。

●●●新加會員●　本會於去年十二月今年一月共加入會員三人其人名通信處如下

姓名	行號	年齡	籍貫	通信處	在本會何科
張聞天	聞天	二十	江蘇	上海西門黃家闕六十七號宗日華轉	文科
芮學曾	道一	十九	山西	東京府下千駄谷四九一山岡	文科
毛澤東	潤之	廿六	湖南	長沙馬王街修業學校	文科

●●●會計報告　茲將十二月一日至一月二十日之收支狀況。報告如左

「收入」　原存七十一元七角三分黃日葵君等會費十二元補收賣報餘款五元九角三分以上共收入八十九元六角六分正

「支出」　郵費雜費等共二十七元五角九分五厘正（另有詳賬）

「收支相抵」尚餘六十二元〇六分五厘正

↑《少年中国》第一卷第八期刊登的张闻天、芮学曾、毛泽东三人加入少年中国学会的消息。

立，张闻天的至友沈泽民就是会员之一。12月，张闻天由左舜生、黄仲苏介绍入会。1920年初，张闻天同沈泽民一道，住进上海华山路上空着的蔡锷住宅“松圃”[①]，试验过工读生活。他们一面负责《少年中国》和《少年世界》的校对、出版事务，一面读书和著译。

这一时期，张闻天在《民国日报·觉悟》、《时事新报·学灯》、《少年中国》、《少年世界》等报刊上发表了不少评论、通信、散文、杂感和诗篇。他视野开阔，意气恢宏，劳工问题、农村问题、文化问题、青年问题、妇女问题、家庭婚姻问题等各种社会问题，无不在他观照审视的范围之内。从对社会问题的许多真知灼见中，可以看出

① 恽震1980年2月4日复笔者信。恽震当时是南洋公学电机系学生，少年中国学会会员，常去“松圃”与张、沈晤谈。

↑送宗白华赴德留学，在邮轮上合影。右起：宗白华、张闻天、郁达夫、沈泽民、汪馥泉、张健尔。（宗白华提供）

张闻天深沉的思考，不倦的探索，“向恶社会宣战”的勇气，改造中国的决心。

张闻天和沈泽民在“松圃”过工读生活不到半年，又感到很不满足了。这时，少年中国学会会友纷纷出国留学。张闻天同沈泽民相商，决定一起前往日本。1920 年 7 月中旬，他们到东京进了一所日语学校，同时自学哲学及其他社会科学。[①] 在东京半年，张闻天结识了田汉、郑伯

① 《少年中国》第 2 卷第 2 期“会员消息”载：“上海方面会员沈泽民、张闻天两君，已于 7 月 14 日赴日留学”。茅盾在《我走过的道路》中说，他们进的是一所私立的专教中国人学日文的学校。张闻天在《1943 年延安整风笔记》中说，在东京“学习了一点日文，读了一些西洋哲学的书籍”。在茅盾的藏书中，有一本贴有“闻天存书”浮签的《English Literature：Modern》（《现代英国文学》），上有用英、日、中文作的批注，当是此时张闻天自学书籍之一。

奇和康白情等文学青年。他对文学的兴趣也从这里萌生。

1921 年 1 月，张闻天同沈泽民一道回到上海，同李达（上海共产主义小组发起人之一）开始交往。这时，张闻天对改造社会问题思考的重点转向精神世界。3 月，张闻天移居杭州里西湖边上的智果禅寺读书和写作。在近 3 个月的隐居生活中，他读了不少托尔斯泰、泰戈尔等人的作品，还研究“圣经”、“佛学”，几乎完全沉浸在对泛爱哲学的崇尚中，相信托尔斯泰“不用暴力抵抗邪恶”的无抵抗主义是实现“泛爱”的一种救世新术。六七月间，张闻天在报刊上发表了一些文章，宣传这些思想。对于张闻天在这段时间内思想认识上的偏颇，沈雁冰、陈望道先后著

↓张闻天（中）与李达（左一）、陆定一（右一）在武汉大学，1958 年。

文提出批评，指出无抵抗主义在现实生活中是行不通的，唯一的“到自由之路”就是俄罗斯人造下来的这一条。①

↑ 20世纪20年代初，位于上海东百老汇路29号的中华书局。

① 雁冰:《无抵抗主义与“爱”》，1921年7月5日《民国日报·觉悟》。

就在张闻天因探求改造社会的途径而陷入烦闷的时候，1921年8月，他经左舜生介绍进入中华书局，当了“新文化丛书”的编辑。这套丛书以选译包括马克思主义在内的欧美社会科学学术名著为宗旨。出版的书目中有《唯物史观解说》、《社会主义初步》、《欧洲政治思想小史》、《近代西洋哲学史大纲》等。其时，著名的马克思主义理论家李达也在中华书局任职，对张闻天多有指点、鼓励，[①] 关系更加密切。在“新文化丛书”社同处一室工作的还有沈泽民和田汉。职业和环境，给张闻天提供了很好的学习和思考的条件。经过对各种思潮的比较和鉴别，经过对马克思主义学说的学习与对中国社会的研究，到1922年初，张闻天完全倾向于科学社会主义了。他这样叙述“我个人思想的变迁”——

我们对于这种不合理的社会，情意上早感到不安。因不安也早产生改造的决心。不过用什么方法来改造呢？应该改造成什么样呢？这些问题常常横在我胸前而一日不能去的。无抵抗主义呢？反抗主义呢？无政府主义呢？社会主义呢？如江河流水，不绝地引起我底烦闷，但永久不决定是不能生活的。那么，取其长，舍其短，自然不能不走社会主义一条路了。自今日起，我希望能够在实现社会主义的历程中做一个小卒。[②]

---

① 茅盾：《我所知道的张闻天同志早年的学习和活动》，1980年1月14日《人民日报》。

② 张闻天：《中国底乱源及其解决》（1922年1月2日），1922年1月5、6日《民国日报·觉悟》。

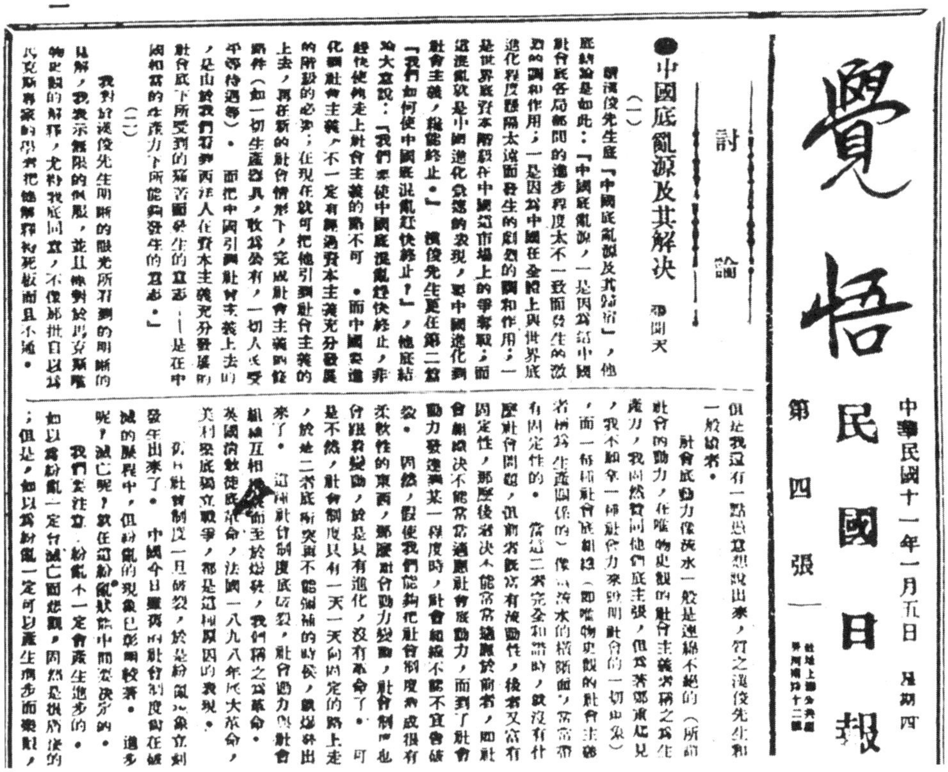

覺悟

民國日報

中華民國十一年一月五日 星期四

第四張

討論

中國底亂源及其解決 張聞天

（一）

↑ 1922 年 1 月 5 日《民国日报·觉悟》发表的张闻天的论文《中国底乱源及其解决》。

这种为社会主义而奋斗的思想，在《中国底乱源及其解决》① 一文中得到充分的阐发。在这篇文章中，张闻天相当正确地运用马克思唯物史观关于生产力与生产关系对立统一的学说来解释社会矛盾，并由此分析中国的乱源。他指出，一切社会问题的根源在于社会组织与社会动力不相适应，中国的乱源也不例外。并指出矛盾冲突必然导致革命。他明确指出，解决中国乱源的根本办法不是实行资本主义，而是“实行社会主义”。他反对“照抄西洋镜”，“完全想照抄西洋人走过的老路”。指出时下那种将提倡资本主义的人恭维为“有造于社会”的看法是糊涂观念，

① 张闻天:《中国底乱源及其解决》(1922 年 1 月 2 日)，1922 年 1 月 5、6 日《民国日报·觉悟》。

向资本主义走只能把中国引向“灭亡”。他赞成李汉俊的主张，认定中国可以有自己独特的道路，即不一定先经过资本主义充分发展的阶段就走上社会主义的道路，再在新的社会情形下完成社会主义的条件。这种主张，同列宁的的观点是一致的。[①] 关于实行社会主义的具体步骤，张闻天认为，在当时应将建立一个革命的政党放在首位。张闻天还深刻地指出旧的文化思想体系在社会变革中的巨大阻碍作用，主张打破“中国人固有的思想系统”，“反对一切妥协的调和”。

1922 年初张闻天对于中国乱源的分析和实行社会主义道路的探讨，及其确信社会主义是一条通向光明之路，决心为实现社会主义而奋斗，应该说是他思想发展过程中的一次跃进。不过，这时他虽然以社会主义者自命，并认为自己的思想已经“与马克思所主张有许多共同的地方”，却还没有企望成为一名马克思主义者，也还没有参加中国共产党的强烈愿望。

---

① 1920 年 7 月 26 日，列宁在共产国际第二次代表大会的报告中指出：“在先进国家无产阶级的帮助下，落后国家可以不经过资本主义发展阶段而过渡到苏维埃制度，然后经过一定的发展阶段过渡到共产主义。”（《列宁专题文集　论资本主义》，人民出版社 2009 年版，第 281 页。）

赴美勤工俭学

张闻天那时的志趣还在个人的文学爱好上。他的文学事业以译介外国文艺理论为发端。1921年春，他译述了《托尔斯泰的艺术观》，同年冬，又译完了柏格森专论喜剧的《笑之研究》。[①]1922年起，张闻天译介的重点从文艺理论转到著名作家作品。在《小说月刊》第13卷第2号《泰戈尔研究》专辑中，张闻天的译作居半。四五月间，他在《民国日报·觉悟》上发表了长篇论文《王尔德介绍》[②]，对这位众说纷纭的新浪漫主义作家进行辩证的分析，作出比较全面、客观的评价。到八九月间，《东方杂志》又发表张闻天为纪念歌德逝世90周年而作的长篇论文《哥德的浮士德》。这是中国人写的最早的一篇研究《浮

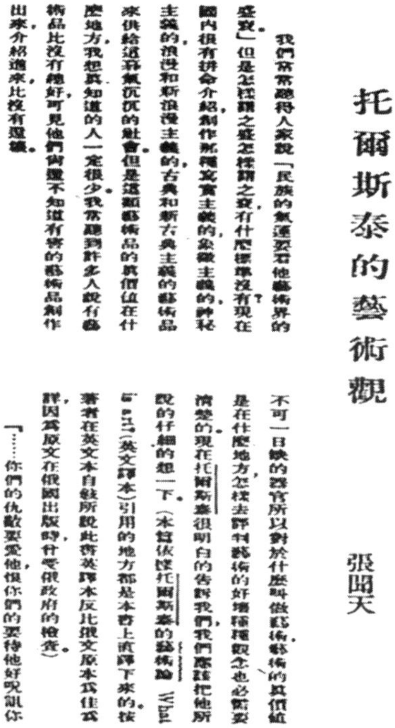

托爾斯泰的藝術觀

張聞天

我們常常聽得人家說「民族的氣運要看他藝術界的盛衰」但是怎樣謂之盛怎樣謂之衰，有什麼標準沒有？現在國內很有拼命介紹，制作那種寫實主義的，象徵主義的，神秘主義的，浪漫和新浪漫主義的，古典和新古典主義的藝術品來供給這昏氣沉沉的社會。但是這類藝術品的真價值在什麼地方，我想真知道的人一定很少。我常聽到許多人說有藝術品比沒有總好，可見他們實在還不知道有害的藝術品制作出來，介紹進來，比沒有還壞。

不可一日缺的器官，所以對於什麼叫做藝術，藝術的真價值是在什麼地方，怎樣去評判藝術的好壞種種觀念也必須要清楚的。現在托爾斯泰很明白的告訴我們，應該把他所說的仔細的想一下。（本篇依據托爾斯泰的藝術論 What is art?（英文譯本）引用的地方都是本書上直譯下來的。按著者在英文本自敍所說，此書英譯本反比俄文原本爲佳，爲詳，因爲原文在俄國出版時，什受俄政府的檢查。）

「……你們的仇敵要愛他，恨你們的要待他好，咒詛你

↑ 1921年春，张闻天译述《托尔斯泰的艺术观》，发表于1921年9月出版的《小说月报》第12卷。

---

① 《托尔斯泰的艺术观》发表于1921年9月《小说月刊》号外《俄国文学研究》；《笑之研究》于1923年12月由商务印书馆出版。

② 《王尔德介绍》为张闻天与汪馥泉合作，全文13大段，其中第1—9段和第13段为张闻天作。

↑ 1921 年春到 1924 年初，张闻天译介了许多外国文艺理论著作和文学作品。图为商务印书馆和中华书局等出版的单行本。

士德》乃至歌德的论文。他有意将外国文学名著的介绍同中国社会现实联系起来，指出：“执著人生，充分地发展人生，我以为就是《浮士德》中所包含的根本思想！”启发读者冲破思想牢笼，为创造合理的人生而不倦奋斗。1922 年，张闻天还同汪馥泉合译了评述文艺复兴后 18、19 世纪欧美新文艺发展历史的《近代文学》[①]（日本伊达源一郎著）。

张闻天在译介外国文学中显示的识见与才华受到社会的瞩目。远在美国的“少年中国学会”会友们于 1922 年 5 月底正好同致公总堂签订了合办《大同报》（中文）并实行改革的合同。他们要在致公总堂“发达实业，振兴教

① 此书 1930 年由商务印书馆出版。

←1922 年春，张闻天与友人汪馥泉（右）合影于上海。汪馥泉怀中的婴儿是张闻天的长女维英。（张维英　提供）

育”的宗旨里，加上“增进工人幸福，实现自由平等”[①]的内容，并推定张闻天担任该报编辑，要他早日前往旧金山就职。张闻天乃于 1922 年 8 月 20 日从上海乘“南京

① 康白情 1922 年 6 月 1 日致恽震等的信，载《少年中国》第 3 卷第 12 期，1922 年 7 月。

↑加利福尼亚大学伯克利分校图书馆阅览室。（该校中国研究中心图书馆馆长戈定瑜提供）

号”轮赴美，9 月中旬到达大洋彼岸。他主要利用加利福尼亚大学伯克利分校的图书馆进行自学。下午或晚饭后乘轮渡过金门海峡，赶到坐落在旧金山委巴利街 18 号的大同报社上班，职责是从各种英文报纸选译并编排好“本埠新闻”在《大同晨报》上刊出。

在美国最初几个月的工读生活，使张闻天感到非常失望和颓丧。从他写给郁达夫和汪馥泉的两封信① 来看，几乎可以说经历了一次精神的危机。对当时国际政治、经济问题的研究，尤其是对当代外国文学作品的翻译，使得张闻天的生活充实起来。1923 年 1 月，张闻天在上海《民国日报 · 觉悟》上发表了译介苏俄新经济政策取得成效

① 张闻天 1922 年 11 月 11 日复郁达夫信，载 1923 年 2 月《创造季刊》第 1 卷第 4 期；张闻天 1923 年 1 月 6 日致汪馥泉信，载 1923 年 2 月 20 日《民国日报 · 觉悟》。

的论文。2月，他又在《东方杂志》发表探讨第一次世界大战后政治经济问题的力作《赔款与战债》。论文详细分析了战后欧美各国（主要是美、英、法、德）的经济状态及其在世界经济中的地位，评述了各国对赔款与战债问题的立场和策略，并由此纵论世界形势的发展，预言“二三十年之后，国与国还［会］因为利益的冲突要发生大战争吧。世界劳动者将团结起来，把资本制度推倒吧。”

1923年春天，张闻天摆脱了孤独、伤感、浮躁的心绪，离开大同报社，把主要精力放在文学翻译上面。短短八九个月，贡献了三十多万字的译作。其中包括俄国作家柯罗连科的长篇小说《盲音乐家》，安特列夫的四幕剧《狗的跳舞》，意大利作家邓南遮的名剧《琪娥康陶》（又译《江孔达》），黎巴嫩新诗人纪伯伦的散文诗以及当时就产生了巨大影响的西班牙作家倍那文德的剧本——描写爱情对于传统道德巨大冲击的《热情之花》和尖锐讽刺旧道德、旧习惯的《伪善者》。① 从这时写的“译序”、“评传”中可以看出张闻天对国内反封建斗争的关注，觉察到他的情绪从抑郁低沉转而为乐观高昂。张闻天称赞倍那文德“对于西班牙社会上种种旧道德与旧习惯的攻击，非常厉害”，揭露“过去的本身的崇拜，结果不过阻碍生命

① 张闻天译的《盲音乐家》，1924年2月中华书局出版；《狗的跳舞》，1923年12月商务印书馆出版；《热情之花》，载《小说月报》第14卷第7、8、12号，后与《伪善者》一起收入与沈雁冰合译的《倍那文德戏曲集》，1925年5月商务印书馆出版；《琪娥康陶》，1924年10月中华书局出版；所译纪伯伦的散文诗载1923年10月28日《创造周报》第25期。

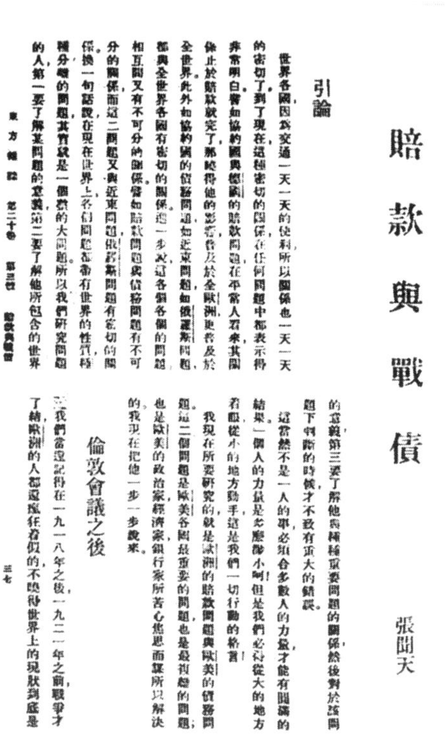

賠款與戰債

張聞天

引論

世界各國因為交通一天一天的便利，所以關係也一天一天的密切了。到了現在，這種密切的關係，在任何問題中都表示得非常明白，譬如協約國與德國的賠款問題，在平常人看來，其關係止於賠款就完了，那曉得他的影響，會及於全歐洲，更會及於全世界。此外如協約國的債務問題，如近東問題，如俄羅斯問題，都與全世界各國有密切的關係。進一步說，這各個各個的問題相互間又有不可分的關係。譬如賠款問題與債務問題有不可分的關係，而這二個問題又與近東問題，俄羅斯問題有密切的關係。換一句話說，在現在世界上各個問題都帶有世界的性質，種種分離的問題，其實就是一個整的大問題。所以我們研究問題的人，第一要了解某問題的意義，第二要了解他所包含的世界的意義，第三要了解他與種種重要問題的關係，然後對於該問題下判斷的時候，才不致有重大的錯誤。

這當然不是一人的事，必須合多數人的力量，才能有圓滿的結果。一個人的力量是怎麼樣小啊！但是我們必得從大的地方着眼，從小的地方動手，這是我們一切行動的格言！

我現在所要研究的，就是歐洲的賠款問題與歐美的債務問題。這二個問題是歐美各國最重要的問題，也是最複雜的問題；也是歐美的政治家，經濟家，銀行家所苦心焦思而謀所以解決的。我現在把他一步一步說來。

倫敦會議之後

我們當還記得在一九一八年之後，一九二一年之前，戰爭才了結，歐洲的人都還瘋狂着似的，不曉得世界上的現狀到底是

東方雜誌 第二十卷 第三號 賠款與戰債 三七

↑ 1923 年 2 月 10 日，《东方杂志》第 20 卷第 3 号发表张闻天撰写的题为《赔款与战债》的长篇论文。

的向前发展罢了”，颂扬倍那文德“这一种发展生命为第一的精神”。在文艺论文《生命的跳跃》中，张闻天重又强调“人生的意义只在发展人生”，生命的可爱就在“变动”、“创新”，在为了一种理想贡献一切中间，“生命才达到最高潮”。他呼唤青年朋友们，“投到人生的急流中去奋斗吧！”①

张闻天在美国生活得愈久，就愈加感觉到精神上不堪忍受。美国确乎有先进的物质文明，但都市生活的纷乱，人们热衷于金钱、享乐以至肉欲的追求而精神贫乏、颓废，令张闻天生厌。人与人之间的虚伪、冷漠，特别是中国人受到的歧视与轻蔑，更常常刺痛他的民族自尊心，反

---

① 张闻天：《生命的跳跃》，《少年中国》第 4 卷第 7 期，1923 年 9 月。

激出一种强烈的爱国感情。他在给友人的信中写道：“出了中国，我觉得中国是可怀的。”在美国，“总之，都看不惯！”① 在论文《赔款与战债》中，他写道：“我不相信中国人会这样的不争气为人家的奴隶的。我相信不久中国将为一个光明灿烂的大国！为并世以来所未有的大国！并且弱小的民族，也都要跟着起来。”②

张闻天对祖国满怀希望。他虽然身在异邦，却时时关注着国内的情况。他“觉得在国外有点虚浮”③。1923年冬决定回国。他告诉在家乡的弟弟：“我大约今年年底就想回国，人家都厌恶中国，而我却不是这样。”④

1924 年 1 月，张闻天重又踏上黄浦江畔这块养育他的热土。

---

① 张闻天1923年1月23日致汪馥泉的信，载1923年2月20日《民国日报·觉悟》。

② 张闻天：《赔款与战债》，《东方杂志》第20卷第3、4期，1923年2月10日、25日。

③ 张闻天 1923 年 11 月给弟弟健尔的信，健尔写的《落日》一文录入了该信内容，载 1923 年 12 月 2 日《民国日报·觉悟》。

④ 同上。

少年文学家

张闻天回到上海后，继续在中华书局担任编辑，但他的兴趣已经集中到文学创作上去了。1924 年四五月间，他完成了在美国就已酝酿的两部作品：长篇小说《旅途》和三幕话剧《青春的梦》，赢得了"少年文学家"的美名。

↓与中华书局同事合影。前排中为张闻天，右一为左舜生；后排左二为沈泽民，右一为俞秀松，右二为周伯棣。（周伯棣子女提供）

《旅途》从 1924 年 5 月起在《小说月报》上连载，是

《小说月报》革新后连载的第二部长篇小说，到12月登完并由商务印书馆于当年出单行本。小说讲述中国青年工程师钧凯先后同中国少女蕴青和两个美国姑娘安娜、玛格莱恋爱的故事，生动地反映了“五四”退潮时期青年知识分子从苦闷、彷徨中振作起来，继续为改造中国而奋斗的历程。小说具有强烈的社会批判力量。钧凯和蕴青灵肉分离的爱情悲剧，深深地打上了“五四”时代的烙印。通过它，作者批判了以封建礼教为准绳的中国封建主义文化。安娜因贫富悬殊而失恋的痛苦，则深深笼罩着美国生活的阴影。通过它，作者批判了“一切以金钱为标准”的美国资产阶级文明。而钧凯与玛格莱建立在反抗现实、投身革命的共同基础上的爱情，则成为作者的理想。小说形象地告诉读者，封建主义和资本主义是青年“大失望、大烦闷”的根源，“这种社会除了用强烈的革命把它全部推翻之外，还有甚么方法？”（小说中主人公语）小说虚构的钧凯回国，成为革命军的主将，在击败外国联军的战场上牺牲的情节，正是作者对于革命武装斗争的呼唤。《旅途》可以说是“恋爱与革命”小说的滥觞。当时灵敏的文学家感受到国共第一次合作后革命形势的发展，在小说创作中，把“人生究竟”的探究扩展到“社会革命”的领域，整个现代文学也由主要是反映个性解放和人道主义的“人的文学”演变到更加政治化、社会化的“革命文学”。张闻天的《旅途》正充当了这种历史演变的“中介”。浓郁的浪漫主义色彩，构成《旅途》艺术上的显著特色。小说分为上、中、下三部，活动的主要空间从中国到美国再回到中国，分别写出主人公人生旅途苦闷、振作和革命三个

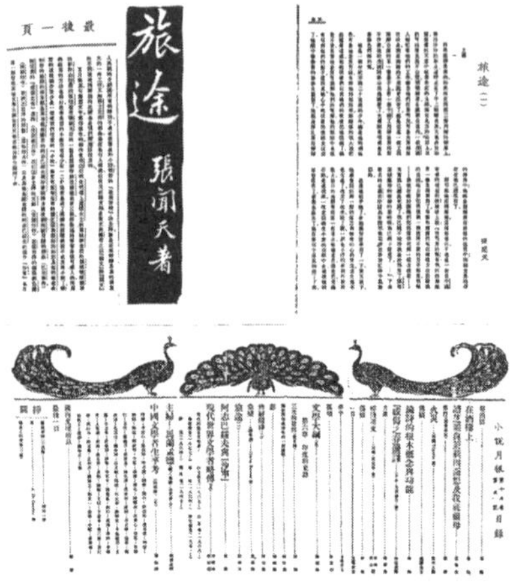

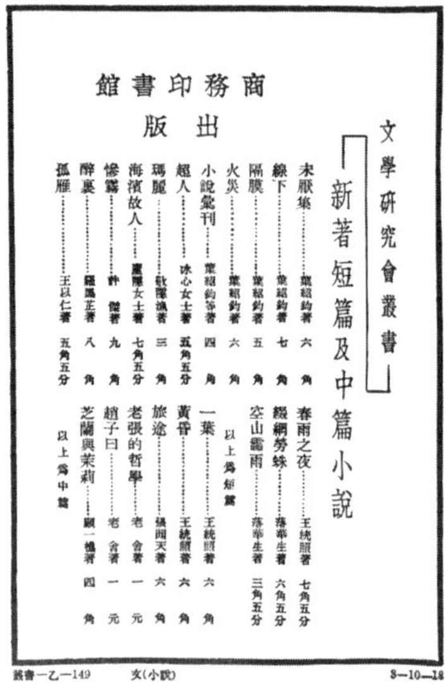

商務印書館出版

文學研究會叢書

新著短篇及中篇小說

末厭集……葉紹鈞著 六角
綫下……葉紹鈞著 七角
隔膜……葉紹鈞著 五角
火災……葉紹鈞著 六角
小說彙刊……葉紹鈞等著 四角
超人……冰心女士著 五角五分
瑪麗……耿濟之譯 三角
海濱故人……廬隱女士著 七角五分
慘霧……許傑著 九角
醉裏……羅黑芷著 八角
孤雁……王以仁著 五角五分
春雨之夜……王統照著 七角五分
綴網勞蛛……落華生著 六角五分
空山靈雨……落華生著 三角五分
以上爲短篇
一葉……王統照著 六角
黃昏……王統照著 六角
旅途……張聞天著 六角
老張的哲學……老舍著 一元
趙子曰……老舍著 一元
芝蘭與茉莉……顧一樵著 四角
以上爲中篇

叢書一乙—149 文(小說) 8—10—18

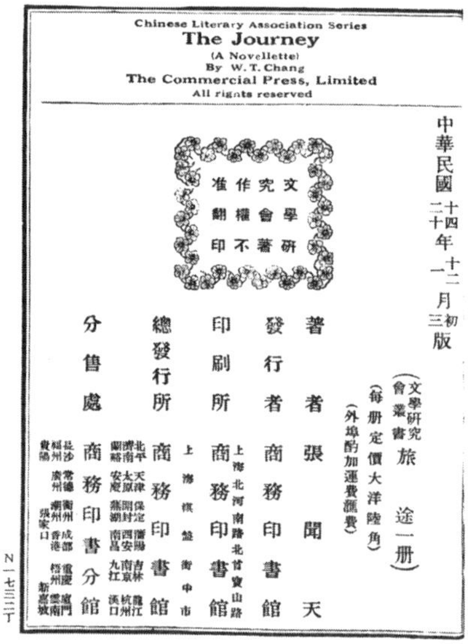

Chinese Literary Association Series
The Journey
(A Novellette)
By W. T. Chang
The Commercial Press, Limited
All rights reserved

文學研究會著作權不准翻印

中華民國十四年十二月初版
二十年一月三版

(文學研究會叢書)旅途一册
(每册定價大洋陸角)
(外埠酌加運費匯費)

著者 張聞天
發行者 商務印書館
印刷所 商務印書館 上海北河南路北首寶山路
總發行所 商務印書館 上海棋盤街中市
分售處 商務印書分館 北平 天津 保定 奉天 吉林 龍江 濟南 太原 開封 西安 南京 杭州 蘭谿 安慶 蕪湖 南昌 九江 漢口 長沙 常德 衡州 成都 重慶 廈門 福州 廣州 潮州 香港 梧州 雲南 貴陽 張家口 新嘉坡

N一七三二丁

↑《旅途》书影:《小说月报》预告，发表时的目录和首页，单行本（茅盾提供）封面和版权页（1931 年 1 月第 3 版）。

阶段。用这种三部曲的结构写长篇小说，在中国现代文学史上也具有开创意义。

当《旅途》开始连载时，《青春的梦》也在5月出版的《少年中国》上发表，引起颇为强烈的反响。《旅途》中青年男女爱情的悲剧命运，在充满青春理想的这个话剧中找到了解决的办法。剧本描写一对青年男女发动反抗运动，冲决封建罗网的故事，较为深广地揭露和批判了20世纪20年代初期中国的黑暗社会和封建家庭，为广大青年男女指出一条走向光明自由的道路。在艺术上，重在心灵震动的人物刻画，与之相适应的富有诗意的语言，愈演愈烈的戏剧冲突，使这个戏有着自己的特色。当然，总的说来，这个剧本也还未能完全摆脱当时“小说式戏剧”的通病，人物的长篇议论难免成了“时代精神的单纯的传声筒”。

张闻天1924年春的文学创作，可以说是早期共产党人倡导的革命文学的最初实践。他在创作中对包括自己在内的一代青年生活历程的总结，对中国社会的解剖和中国革命道路的探求，预示了他即将成为中国共产党的一员。

“我要加入 CP！”

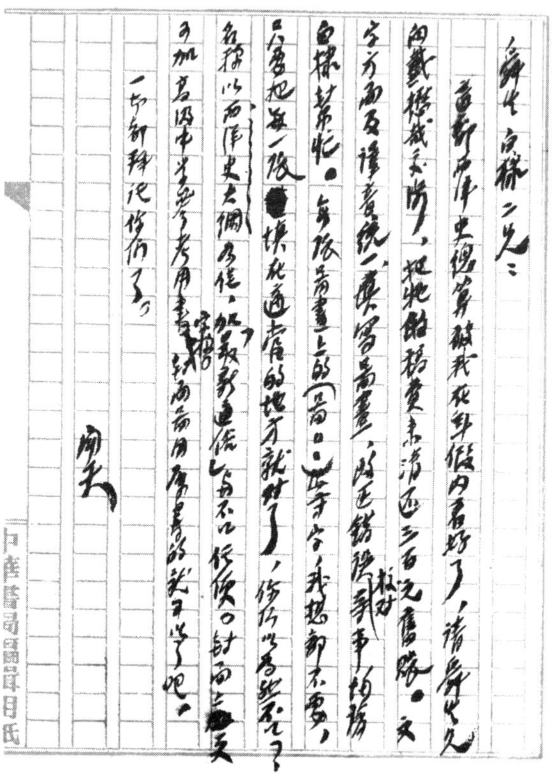

↓《西洋史大纲》手迹：致左舜生、周伯棣信。

张闻天废寝忘食地埋头文学创作，势必影响正常的编辑业务。中华书局的主持者啧有烦言了。这时，恰好有朋友邀他入川，张闻天乃应约前往。1924 年 11 月起，他即在重庆四川省立第二女子师范学校担任英文教员。入川后不久，张闻天就把在上海时已经译成的美国房龙所著《人类的故事》作了增删和修改，将仅有的涉及印度和中国的十分单薄且有许多错误的第四十二章《佛陀和孔夫子》删去，题书名为《西洋史大纲》，于 1925 年 1 月写了“译序”，寄给中华书局的朋友。在“译序”中，张闻天说明改书名的缘由，批评了作者“以欧美为中心”而忽略“有数千年文化史的中国与印度”。在“译序”中，张闻天还指出：“因为过去是活着在现在而且与未来相衔接的，所以要解决现实生活上所发生的一切问题，就不能不研究过去的历史。我们要在过去的中间找出人类活动的因果关系与它的根本法则，然后对于未来的建设才有把握。”他联系世界形势，鲜明地指出：“我们知道了上一次的世界大战是资本主义发展过程中的

↓《西洋史大纲·译序》手迹三页。

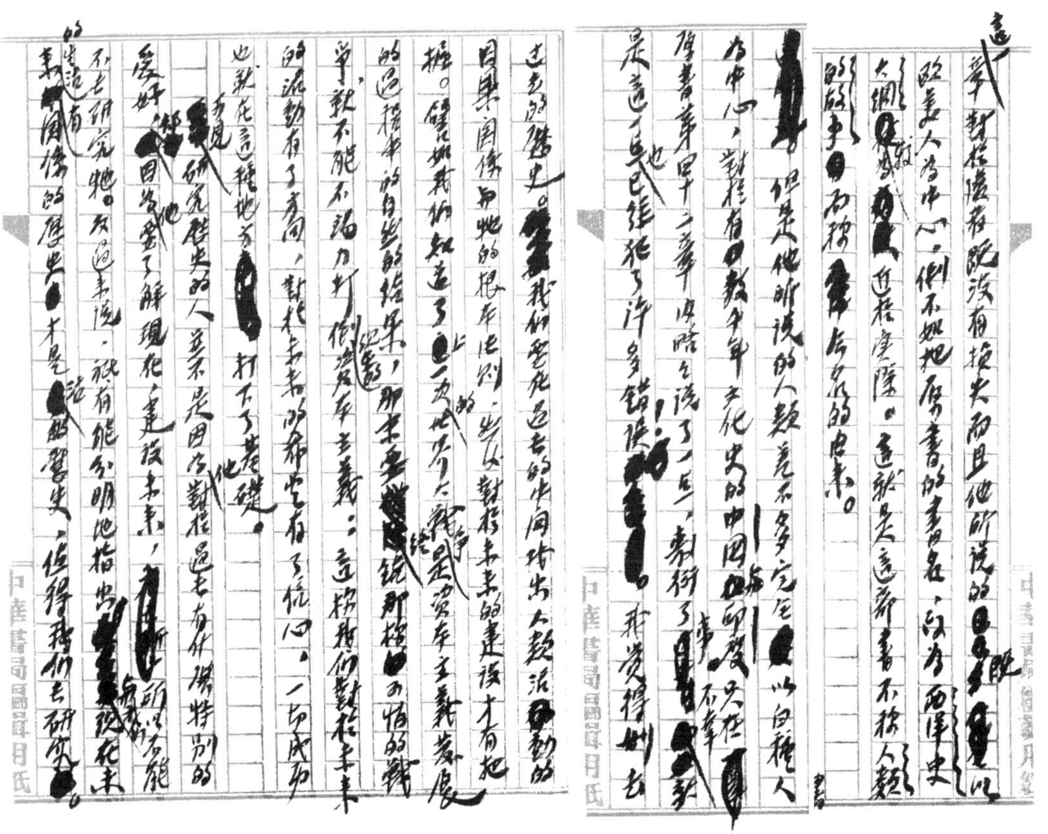

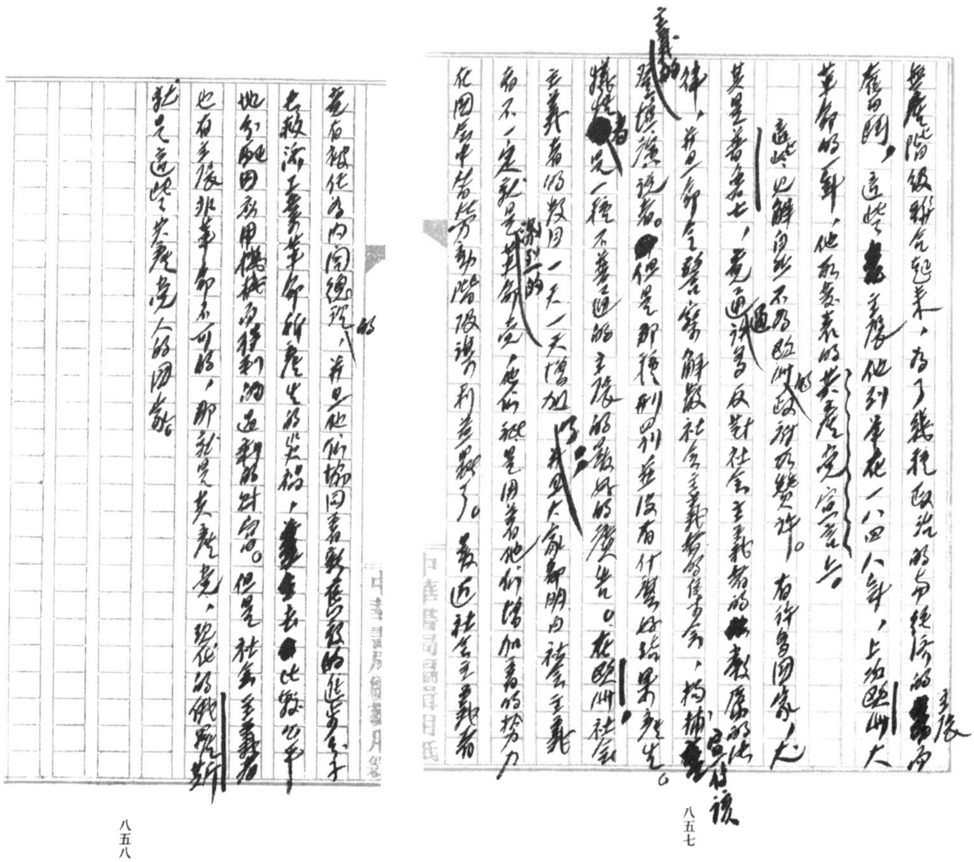

↑《西洋史大纲》译文手迹。

自然的结果，那末要终结那样可怕的战争，就不能不竭力打倒现在的资本主义”。在正文中，他也相机阐述自己的观点。如在译稿第五十八章《解放运动》的末尾，他直接写入了共产党人领导的社会主义在俄罗斯的成功，向读者暗示了社会发展的新希望。

在重庆，张闻天完全以新文化运动战士的姿态现身，利用学校讲坛和报刊，鼓吹“五四”精神，推动重庆的思想启蒙运动。在斗争中，张闻天同中共在四川的领导人萧楚女、杨闇公建立了深厚的友谊。他们点燃起的革命火焰，引起了反动军阀和守旧势力的恐惧和憎恨。“萧楚女播弄风潮”、“张闻天提倡自由恋爱”，成为两个主要的攻击目标。旧势力集结力量，造谣诬蔑，迫使张闻天难以在四川省立第二女子师范学校执教。1925 年 3 月，张闻天乃应聘到设在重庆下半城学院衙门的川东联合县立师范学校任国文教员。

↑川东师范旧址。（重庆市档案馆提供）

在旧势力的攻击面前，张闻天没有丝毫动摇和退却。他同进步学生一道，于 1925 年 3 月 30 日创办《南鸿》周刊，亲任主编，与旧势力进行针锋相对的斗争。《南鸿》以杂感、短评、散文诗、小说等活泼的新形式，抨击帝国主义和军阀统治，深刻批判旧制度、旧思想、旧道德，热情宣传以“人”的觉醒为中心的个性解放、恋爱自由、男女平等等民主主义思想，同时也有对社会革命和共产主义的宣传。张闻天用本名和笔名在《南鸿》上发表了十八九篇文章，约占该刊全部篇幅的 1/4。《南鸿》的战斗火焰简直把死气沉沉的重庆变成了一个大造反的世界。这就引起了反动势力更大的忌恨。4 月初，顽固守旧势力发动了

南鴻

第一期

↑《南鸿》周刊创刊号。(1925年3月30日)(南京图书馆提供)

一个诬蔑张闻天没有"人格"、鼓动学生予以"驱逐"的谣言攻势，妄想将张闻天赶走。然而事与愿违，他们的造谣激起了川东联合县立师范学校学生的强烈不满，酿成了"川师学潮"。在这场短兵相接的斗争中，张闻天不避锋芒，用杂文作武器，揭露与回击对他的攻击。萧楚女、杨阇公则到处动员青年支持张闻天。斗争延续到5月中旬，反动军阀伸出了压迫的魔掌。重庆卫戍司令以"败坏风俗，煽惑青年"的罪名，封禁《南鸿》、《爝光》，并勒令张闻天、萧楚女等两周离渝。[①]

经过这一场同旧势力的正面冲突，张闻天的思想突飞猛进。他赞颂列宁所领导的"代表农民、工人与兵士的利益的共产党"，"以这样有组织、有信仰的颠扑不破的结实的团体，不论做哪一件事，没有不成功的。所以结果俄罗斯在黑暗的资本主义的世界上最初放了异样的光明！"[②]他在离开重庆时表示，自己的理想是"反抗"，职务是"战斗"，要"替被压迫者喊出不平的呼声"，"努力求人类的解放！"[③]这时，张闻天产生了加入共产党的强烈愿望。他"深深觉得要战胜这个社会，必须有联合的力量，单靠个人的文艺活动，是做不到的，而共产党是反抗这个社会的真正可靠的力量"[④]。

---

① 据廖划平1925年6月30日致中共中央信中抄附的1925年5月28日《重庆卫戍司令部训令巴县知事文》中对事情经过的追述。

② 张闻天：《追悼孙中山先生》，《南鸿》第2期，1925提4月6日。

③ 张闻天：《别重庆的朋友们》，《夜鹰》第11期，1925年6月20日。

④ 张闻天：《1943年延安整风笔记》。

↑ 1925年5月30日，上海工人和学生举行援助纱厂工人的街头宣传和示威游行。

张闻天回到上海不久，“五卅”惨案发生。他立即汇入了反帝爱国运动的洪流。5月31日，张闻天在南京路上与友人郭绍棠不期而遇。郭问张：“为什么不参加国民党？”张闻天脱口答道：“我要加入CP！”郭绍棠立即将张闻天的这个心愿告诉沈泽民。① 沈泽民听到这个信息十分高兴，就同董亦湘一道介绍张闻天加入中国共产党。在入党时，张闻天创作了书信体抒情小说《飘零的黄叶》②。小说主人公长虹对他母亲说的那些话，简直就是张闻天对党立下的誓言：

---

① 张闻天、郭绍棠“五卅”运动中相遇于上海街头一事，据“文化大革命”中专案组对张的《审讯笔录(10)》(1969年4月16日)。谈话内容等据访问郭绍棠谈话（1986年7月19日，北京，访问者：张培森、程中原。）。郭绍棠，即A.Г.克雷莫夫，苏籍华人，1988年逝世，生前为苏联东方研究院顾问，教授。CP，中国共产党的英文缩写。

② 发表在《东方杂志》第22卷12号。

我亲爱的妈妈，你的长虹，将认真的要开始做一个无私的光明的找求者了。他将把那一点光明拿来，高举在无穷的黑暗中间。妈妈，他更将借你的精神上的帮助，自己变做光明，照澈这黑暗如漆的世界！

张闻天入党后，即以私立乐益女中教员的公开身份在苏州参加开辟党的工作。1925 年 9 月，张闻天同侯绍裘、叶天底、徐诚美等一起建立了中共苏州独立支部。在苏州，他以新文学家、留美归来的学者的公开面貌宣传新文化、新思想。10 月 2 日，中国济难会发表“发起宣言”，张闻天和于右任、杨杏佛、陈望道、恽代英、沈雁冰、李硕勋等 26 人同为主要发起人。正在这时，董亦湘

↓乐益女中校门。（苏州市档案馆提供）

来苏州巡视工作。他带来了一个消息：苏联上个月（9 月）在莫斯科创办了一所中国劳动者孙逸仙大学（通称“中山大学”，简称“中大”），专门为中国革命培养人才，现正招生。董亦湘问张闻天是否愿意去学习一个时期，张闻天欣然同意。不几天，就得到党组织派他前往苏联学习的通知。1925 年 10 月 28 日，张闻天从上海吴淞口登上一条返回海参崴的苏联运煤船。同船赴苏的有一百多人，是莫斯科中山大学的首批学生。

留学莫斯科

“中大”首批学生从海参崴乘西伯利亚大铁路的火车于 1925 年 11 月 23 日到达莫斯科。办理入学手续以后，每个学生都得到一个俄文化名，张闻天叫伊凡·尼古拉耶维奇·伊思美洛夫（别名“思美”、“洛甫”由此而

↓莫斯科中山大学旧址。（张培森 摄）

↑张闻天（中）与安娜、张健尔在莫斯科合影。（张健尔之子张昌麟提供）

来），学号42。他被编入第八班，为翻译班，全班39人，都是会英文的。其中有王稼祥、李培之、俞秀松、竺廷璋、沈泽民、吴亮平、任卓宣、黄平、朱务善、杨放之、李敬永（稍后到达）等。张闻天一面在翻译班听苏联教员用英语授课，一面担任学校的英文翻译。4个月后，他就掌握了俄语，又任俄文翻译。他除在课堂上、大会上充当口译以外，还笔译学校的各种讲义和一些马列著作。

以张闻天原有的学识和名望，再加上他的勤奋、坦诚、谦和，很快就成为“中大”的突出人物，为学生们钦佩，校领导重视。学校开设的各门课程他都学得很好。关于进校后的学习情形，他在1928年填写的一份表格中写道：“对于学习，极感兴趣。各种功课都能引起我的注意。最初二年内，极努力一般政治经济知识的发展。对于中国革命，及俄国党内争论，及社会主义建设问题曾特别用过功。”“学习中最感兴趣者，即为列宁主义，无产阶级革命的理论与

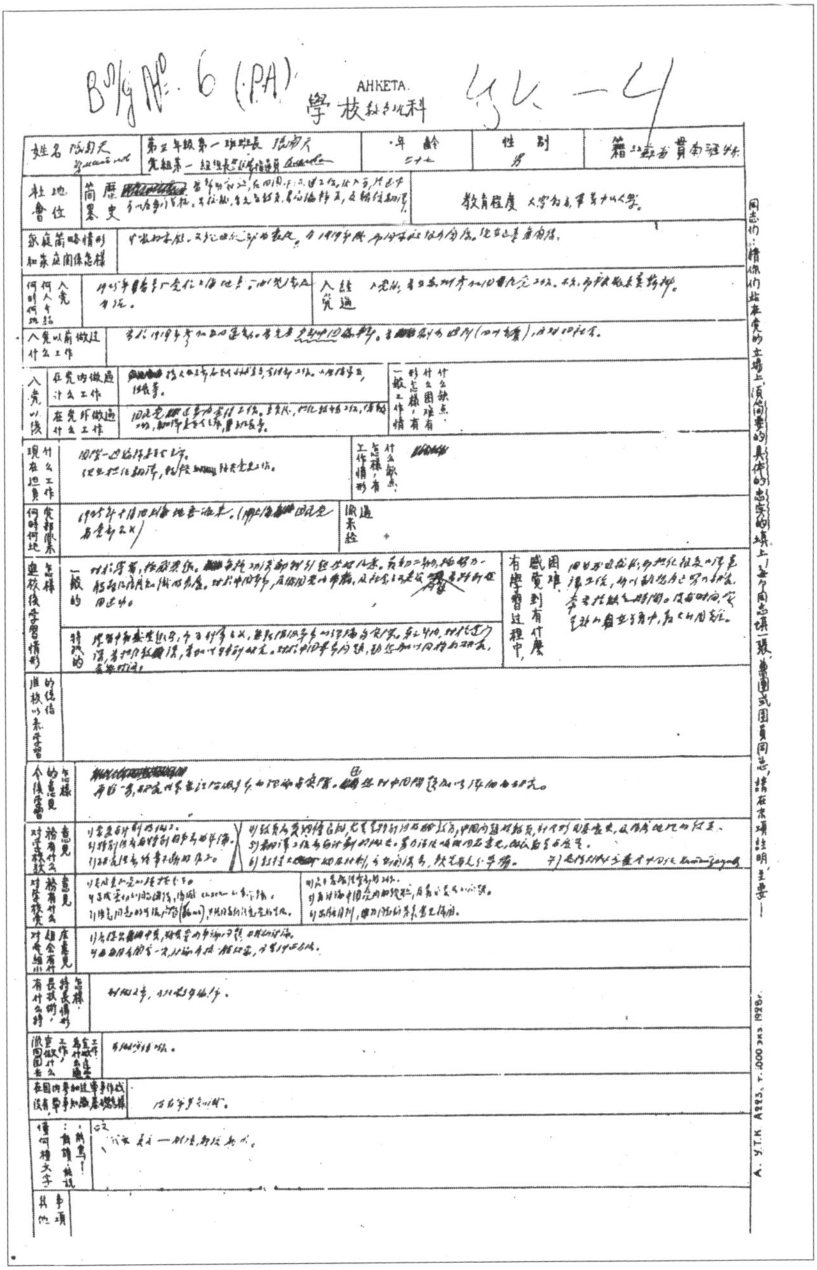

АНКЕТА

姓名	年龄	性别	籍贯

教育程度

家庭简略情形和本家庭关系怎样

何时何地何人介绍入党

入党以前做过什么工作

在党内做过什么工作

在党外做过什么工作

现在担负什么工作

何时何地党部关系

进校后怎样学习情形

今后学习的意见

对学校有什么意见

对党组织有什么意见

有什么特长

懂何种文字

其他事项

↑ 1928 年在莫斯科填写的《中国共产主义劳动大学教员班登记表》。（苏联外交部于 1989 年 5 月经中华人民共和国驻苏大使馆向中共中央党史研究室提供）

实际。”[1]1927 年 9 月，张闻天毕业留校，被分配在列宁主义教研组，先后讲授“列宁主义”和“联共党史”。这时他虽然没有时间对中国问题进行详细研究，但还是密切关注。在那份表格中，他对学校的教务工作提出“各种材料应尽量中国化”，对党务工作也建议“多讨论中国党内的现状，及最近发生的问题。”在“中大”三年间，张闻天还先后担任过中大支部委员会候补委员（1926）、宣传部委员、指导员、翻译委员会主席、《国际一周》编委会主席、班长等党内外职务。他以刘云的笔名同吴亮平合译了《法兰西内战》，还校订了李敬永翻译的《家庭、私有财产和国家的起源》（当时译名）。这两本书当时都在莫斯科出了中文版。

为了给中国共产党造就高级理论人才，共产国际东方部与联共中央于 1928 年 9 月选送几名中国同志入红色教授学院深造。张闻天即为其中之一。旅莫青年称他和同时入院的王稼祥、沈泽民、郭绍棠为“四大教授”。红色教授学院规定，学员都要担任一项党的工作。张闻天在该院历史系学习的同时，参加过共产国际东方部研究院的工作，经常任务是到东方部阅读中国报纸和中共文件，将重要者译成俄文或用俄文写成综合报告供共产国际领导参阅。他还参加过共产国际主席团及东方部的一些讨论中国问题的会议，为中共代表团当翻译。同时，还到“苏大”讲授“中国阶级斗争史”、担任工人班的指导员，并参加

---

① 引文及下述任课、任职情况均据张闻天 1928 年填写的《中国共产主义劳动大学教员班登记表》。这份表格及以下提到的在莫斯科期间填的表格均为苏联外交部 1989 年 5 月经中国驻苏联大使馆向中共中央党史研究室提供。

↑位于莫斯科河克里木桥附近的红色教授学院旧址。

一些活动。[1] 张闻天对进红色教授学院很感兴趣，他原来“苦无时间”加以特别研究的“中国革命问题”成了研究的重点。从1928年下半年至1930年，他写了《关于实际工作中的机会主义》、《从国民党的五权谈到苏维埃的民权》、《中国革命问题》、《中国革命的性质与动力》、《中国共产党的群众行动》、《殖民地政策提纲》、《帝国主义对中国的渗透》等研究报告和论文。

1929年5月完成的学年论文《哲学战线的当前分歧和

① 在红色教授学院的情况据张闻天1930年9月17日填写的《国际农业研究所登记表》（俄文）、《1943年延安整风笔记》和访问郭绍棠谈话（1986年7月19日，北京）。“劳大”为中国共产主义劳动大学的简称。大革命失败，国共分裂，“中大”乃于1928年春改用此名。

马克思主义方法论的任务》，是张闻天留学莫斯科期间最有分量的一篇理论文章。当时，苏联哲学界正进行着德波林派同机械论派的斗争，文章比较全面地批判了机械论派的错误观点，强调唯物辩证法是关于思维及其规律的科学；是逻辑和理论的统一，形式和内容的统一；强调一切运动都是辩证运动，马克思主义哲学是方法论，同时它反映现实，是自然界和社会的最一般的规律，是科学的理论。文章提出，要创立为一切科学的一般方法论的辩证法理论，要为自然科学奠定唯物辩证法的基础，要把唯物辩证法应用于社会生活领域中的一切紧迫问题。文章最后指出，中国共产党人因为不懂辩证法而在 1925—1927 年的革命中放弃领导权，八七会议后又犯了盲动主义错误。只有唯物辩证法才能帮助我们找到坚定不移的阶级路线。导师认为此文的优点“值得指出的是对分歧的仔细而认真的叙述，以及对机械论错误的明确的原则性的批评”，并称赞张闻天“对马克思主义方法的掌握是令人满意的。适合于做专业工作。”[1]

当然，由于共产国际是以“第三时期”理论[2]来指导

---

① 据俄罗斯国家档案馆存档案：5284：464 第 93 页。

② “第三时期”理论，是共产国际六大提出的“左”倾冒险主义理论。它把第一次世界大战以来的世界政治形势划分为三个时期，认为 1928 年以后是第三时期。这是世界资本主义经济迅速发展，资本主义内部矛盾愈演愈烈的时期。经过这一时期，将导致资本主义制度的总崩溃，导致一个新的时代到来。在“第三时期”理论指导下，要求以“下层统一战线”和“阶级反对阶级”的口号代替广泛的统一战线策略；错误地规定，中国共产党必须“在群众反帝斗争中广泛持续地适用下层的统一战线策略”，“反对一切帝国主义分子，推翻帝国主义的代理人——国民党”，从而采取一系列“左”倾政策。

中国革命的，张闻天有些论文的若干论点打上“左”的烙印也是不奇怪的。例如，在《中国富农问题》一文中，他认为中国土地革命中应该加紧反对富农，就是不正确的。

张闻天旅莫期间，中国经历了从大革命胜利发展到遭致失败的重大反复，中共和联共党内斗争都很尖锐。国内和苏联的狂风巨浪自然会在莫斯科中山大学激起层层波澜。张闻天观点鲜明、态度坚决地参加了反对陈独秀右倾机会主义、反对托洛茨基派等斗争。在一系列斗争中，莫斯科中国留学生中确实有一批人比较一致，他们是坚决拥护共产国际，坚决贯彻“国际路线”而同中共驻共产国际代表团不一致的。这批人后来被称为教条“宗派”。党的历史上形成的“宗派”这个词的概念，不是指秘密小组织，而是指在后来被证明是错误的一些思想观点以至策略、纲领上同志之间意气相投即结合、不投即反对的关系。人们的思想是发展变化的，因而“宗派”也是不稳固、不长久的。[①] 按张闻天当时的情况，可以说他当时是教条“宗派”中的重要成员之一。虽然他同为首的王明个人之间没有私交，在品格和作风上更是大相径庭。

张闻天积极参加了反对“立三路线”的斗争。在“立三路线”形成过程中，他就写了《论两条战线的斗争》[②]。文章分析了中共“六大”以后盲动主义在党内的主要表现，由此提出中国共产党要进行两条战线的斗争。主张

① “宗派”的这一解释系据周恩来在通过《关于若干历史问题的决议》会上的发言。

② 连载于1931年1月5日、17日、2月2日出版的《实话》第5、6、8期。

"在反对党内主要的危险右倾时，党是一刻也不能放松反对'左'倾的"，"对于这种'左'倾，我们的党必须给以严重的打击。"在米夫认为中共在"六大"以后"'左倾'已经失去了一定的土壤"①，共产国际执委认为盲动主义、冒险主义在中国"已经丧失了自己的基础"②的情况下，张闻天公开指出"中国共产党一刻也不要忘记'左'倾的危险"，显示了他政治上的敏锐与勇气。然而，张闻天这时没有也不可能越出"第三时期"理论和"进攻"路线的樊篱。他对中国共产党当前状况的估计也认为"最主要的危险，是右倾和对于右倾取调和态度的危险"；他列举所谓右倾的种种表现时，也都用集中力量打击中间势力、加紧反对富农、夸大革命高潮等"左"倾策略与观点来观察形势，因而作出的判断不可能是正确的。

① 《米夫关于中国革命言论》，人民出版社 1986 年版，第 168 页。

② 《共产国际执委给中共中央关于中国革命现势、前途和目前任务的信》（1929 年 2 月 8 日），《中共中央文件选集》（5），中共中央党校出版社 1983 年版，第 49 页。

六届四中全会以后

1931 年 1 月，张闻天与杨尚昆一起回国，于 2 月 17 日（辛未年正月初一）到达上海。这时，六届四中全会以后的党中央已经以“反右倾”、“改造各级党的领导”为名向各地派出干部。沈泽民被派往鄂豫皖，他原来担任的中共中央宣传部部长一职由张闻天接替。从 3 月 2 日起，张闻天即以中央宣传部部长身份列席中央政治局会议和常委会；接着又兼任党报委员会书记和苏区委员会负责人。编党中央的机关报《红旗周报》和《斗争》成了他的主要任务。

↓张闻天在上海临时中央工作时的住处：爱文义路平和里 27 号。

当时，党在思想理论战线上面临的紧迫任务是驳倒取消派取消革命的谬论，反击取消派对党的进攻。接受托洛茨基主义的中国取消派，为了攻击

中国共产党领导的土地革命战争，首先在中国大革命失败后的社会性质及由此决定的革命性质上做文章，鼓吹取消革命的观点。这就势所必然地遭到中国共产党人和进步社会科学工作者的反对。从1930年春起展开了一场中国社会性质问题的论战。在论战进行的同时，四个取消派小组织于1931年春又统一组织，通过了由陈独秀起草的“统一政纲”，诬蔑中国共产党领导的武装斗争和苏维埃运动是“官僚的冒险主义政策”，鼓吹他们的所谓“国民会议”策略。

1931年4月底至6月初，张闻天写了《是取消派取消中国革命，还是中国革命取消取消派？》[①]和《中国经济之性质问题的研究》[②]，参加批判取消派的斗争。这是两篇具有历史意义的文章。前者从政治上、策略上较系统地批判了“中国左派共产主义反对派政纲”，痛斥这批自称“左派”共产主义者的角色，“已经右到不能再右”，“是脱离，惧怕，并反对工农群众的小资产阶级知识分子的反革命集团。”后者批判任曙和严灵峰关于中国经济问题的著作，通过中国社会性质的学术论辩驳倒取消派政治策略所赖以建立的理论基础。

张闻天指出，任曙等人离开剥削关系和阶级关系，离开中国经济的客观现实，论定中国经济的资本主义性质，是“建筑在中国对外贸易的发展，就是商品经济的发展，就是中国资本主义发展的‘理论’上”，其用心“无非要

---

① 载1931年5月11日《布尔什维克》第4卷第3期。

② 载1931年8月1日《读书杂志》第1卷第4、5期合刊（此期实际出版为1932年4月）。

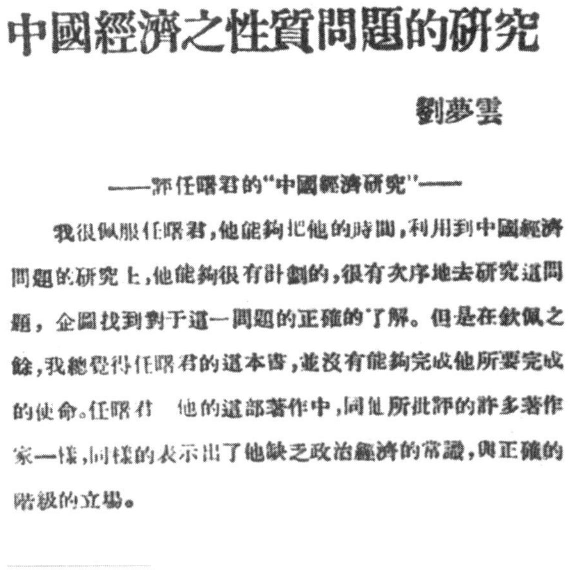
中國經濟之性質問題的研究

劉夢雲

——評任曙君的"中國經濟研究"——

我很佩服任曙君，他能夠把他的時間，利用到中國經濟問題的研究上，他能夠很有計劃的，很有次序地去研究這問題，企圖找到對于這一問題的正確的了解。但是在欽佩之餘，我總覺得任曙君的這本書，並沒有能夠完成他所要完成的使命。任曙君 他的這部著作中，同他所批評的許多著作家一樣，同樣的表示出了他缺乏政治經濟的常識，與正確的階級的立場。

←张闻天写于1931年6月的文章《中国经济之性质问题的研究》。文章用刘梦云的化名发表在1931年8月神州国光社出版的《读书杂志》第1卷第4、5期合刊上。

经过这一桥梁，以中国对外贸易的发展来证明中国是资本主义的国家，以发挥他所崇拜的‘世界大革命家’托洛茨基所说的中国目前的革命不是民主资产阶级的而是无产阶级的革命的伟论”，以便“拿将来社会主义革命的空话，取消目前中国的革命”！张闻天通过具体细致的分析阐明帝国主义在中国的统治“只能使中国的经济殖民地化，而不能使中国的经济独立发展”；帝国主义“并不是为了要发展中国的资本主义使中国变成一个资本主义国家，而是为了要使中国变成它的殖民地，变成它的附庸。”而在中国农村，“封建的剥削占统治地位”，土地仍然集中在地主手里。所以，在大革命失败后的中国仍然是半殖民地、半封建社会；“目前中国的革命还是民主资产阶级性的”；“土地革命的主要内容，是在打倒帝国主义与消灭封建剥削”；工农民主政权“不但不阻止资本主义发展而且给资本主义的发展肃清道路”。张闻天针对取消土地革命的主张，特别强调“以社会主义革命为目的之中国无产阶级，绝对不能跳过这一民主资产阶级革命的阶段”，他说，“谁想跳过这一阶段，谁就会使中国目前的革命遭到严重的失败，谁也就不能取得社会主义革命的胜利。”张闻天的文章捍卫了中共“六大”对中国革命基本问题的正确论断，对中国社会性质论战中马克思主义者取得胜利起了重要的作用。

在党的机关迭遭破坏、白色恐怖日益严重的上海，张闻天不怕艰险，坚持斗争。“九一八”事变后，中共临时中央政治局于1931年9月下旬成立，张闻天担任政治局委员、常委。其时反日救亡运动空前高涨，他写了很多文章，及时地揭露“九一八”事变后日本帝国主义的侵略和南京政府的不抵抗主义，号召全党发动群众开展反日反蒋斗争；分析各国的态度，教育人们抛弃对“国际联盟”和英美帝国主义的幻想；注意研究和总结群众斗争的经验，要求全党尽量利用公开活动，同下层小资产阶级群众结成抗日反蒋统一战线，为中国民族的独立和解放而斗争。但是，张闻天同整个临时中央在共产国际的错误指导下，对日本进攻的新形势下国内阶级关系的新变化缺乏认真的分析和清醒的认识，看不到民族矛盾正在上升为主要矛盾，看不到中间阶级的抗日民主要求，因而无法提出适合当时新形势的统一战线策略，而执行了“左”倾的路线和策略。张闻天所犯“左”倾错误首先在于执行共产国际的第三时期理论，把中间派别看作最危险的敌人，采取揭露、打击的方针。这种错误，到“一·二八”淞沪抗战后仍未转变。张闻天的另一错误是接受共产国际关于当前主要问题是对革命形势估计不足的错误指导思想，阐述和发挥第三次“左”倾路线的错误观点，批评以至打击党内对于“左”倾观点持不同意见的组织和同志。他的《满洲事变后各个反动派别怎样拥护着国民党的统治？》[①]、《烟幕中的“民主政治”》[②]以及《在争取中国革命在一省与数省的首先胜利中中国共产党内机会主义的动摇》[③]等文章，集中表现了上述错误。

实践是最好的导师。一方面是在“左”倾错误下实际工作的不断受挫，党内许多同志的不满，另一方面是全国各阶层反日救亡运动的高涨，促使张闻天思考临时中央的那一套是否能够指导中国革命取得胜利。反对“左”倾的思想，开始在张闻天的头脑中萌生和发展。在1932年10月27日的政治局会议上，张闻天作题为《目前形势》的报告，第一次将“左”倾作为一个突出的、严重的问题提出。他指出：“党内‘左’倾情绪的增长，自北方会议后，的确值得我们注意的。”“在革命危机在全国增长中‘左’倾是易发生的。”他特别强调这次提出“左”倾问题“的确与过去提的是不同的”。[④]会后，张闻天因住地被破坏而匿居上海跑马厅边上的“摩律斯新村”将近一个月。在

---

① 载1931年11月《红旗周报附刊》。

② 载1932年5月15日《红旗周报》第40期。

③ 载1932年4月25日《红旗周报》第37、38期合刊。

④ 引自会议记录，原件存中央档案馆。由于记录者不可能逐句完整记录发言人的原话，故难免有不够完整通达之处，请读者解读时研究。

↑张闻天1932年秋在上海住过将近一个月的摩律斯新村（现名重北公寓）今貌。（程中原摄）

此期间，他写出了两篇反对“左”倾错误的重要文章：《文艺战线上的关门主义》与《论我们的宣传鼓动工作》，用“歌特”的化名在《斗争》上发表。

《文艺战线上的关门主义》批评了党领导文艺工作中策略上的宗派主义和理论上的机械论，鲜明地指出：“使左翼文艺运动始终停留在狭窄的秘密范围内的最大的障碍物，却是‘左’的关门主义。”“这种关门主义不克服，我们决没有法子使左翼文艺运动变为广大的群众运动。”张闻天尖锐地指出文艺战线上的关门主义有两种表现。第一种表现是，否认“第三种人”与“第三种文学”的存在。“认为文学只能是资产阶级的或是无产阶级的，一切不是无产阶级的文学，一定是资产阶级的文学，其中不能有中间，即所谓第三种文学。”另一种表现是，认为“文艺只是某一阶级‘煽动的工具’，‘政治留声机’的理论。照这种‘理论’看来，凡不愿做无产阶级煽动家的文学家，就只能去做资产阶级的走狗。”张闻天分析了文艺界的实际情况，明确提出：“革命的小资产阶级的文学家，不是我们的敌人，而是我们的同盟者”。排斥这种文学，骂倒这些文学家，实际就是抛弃文艺界的革命的统一战线。强调“坚决的打击这种‘左’倾空谈与关门主义，是绝对必要的。”张闻天在理论上、策略上的批评，促使领

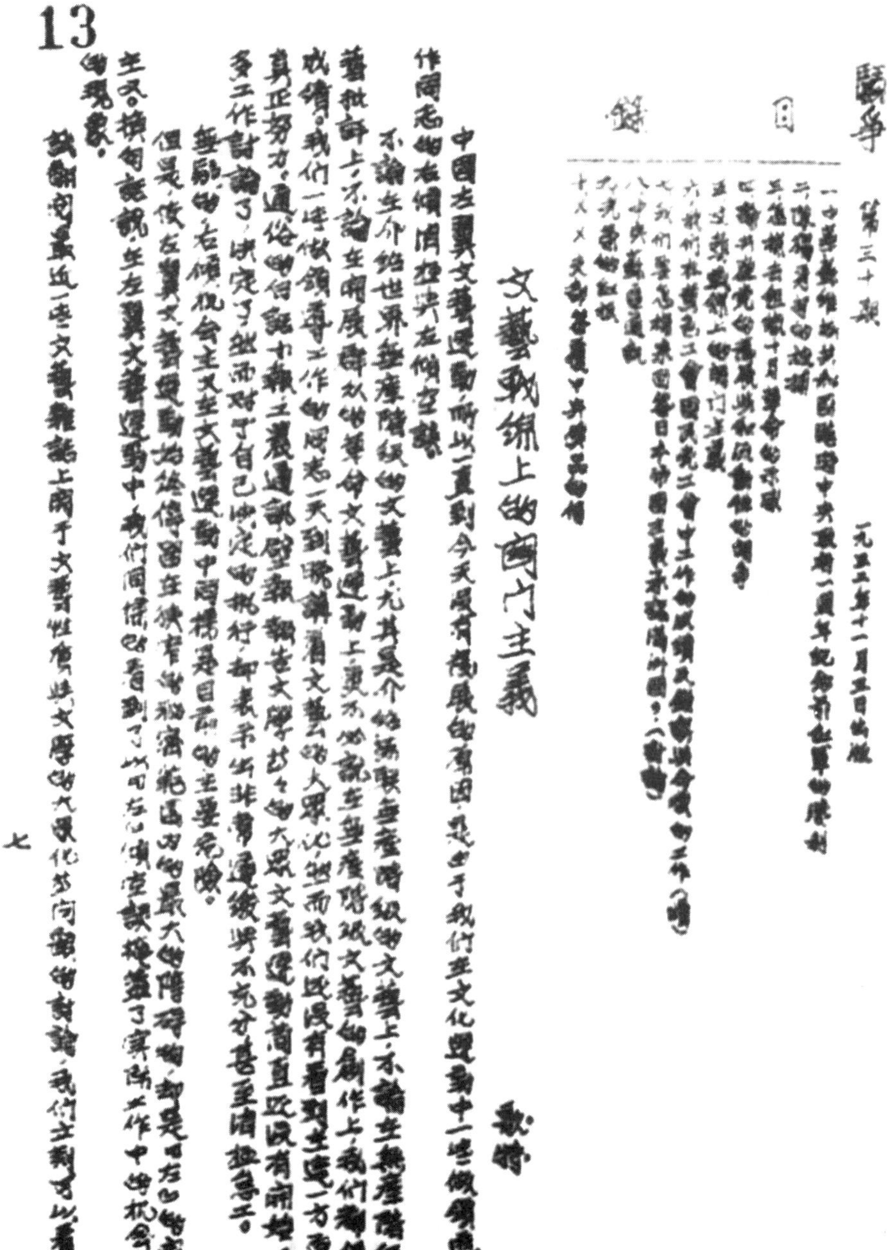

斗争

目録

第三十期

一九三二年十一月三日出版

文藝戰線上的關門主義

歌特

↑在《斗争》第30期（1932年11月3日）上以“歌特”化名发表的《文艺战线上的关门主义》。（中央档案馆提供）

↓张闻天1932年11月化名“歌特”发表在《斗争》第31期上的题为《论我们的宣传鼓动工作》的文章。

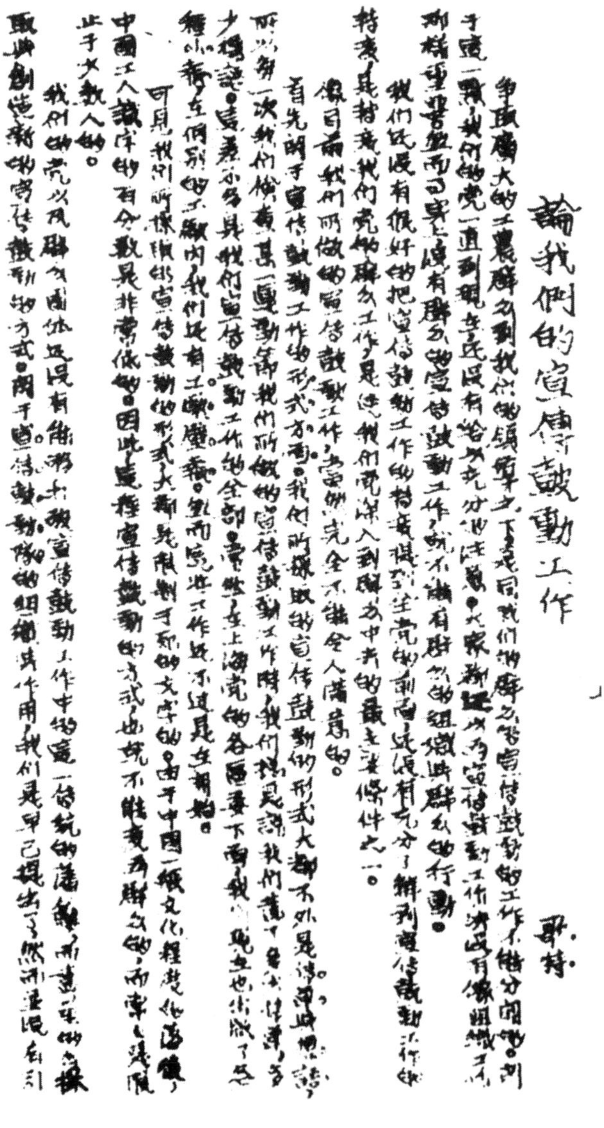
論我們的宣傳鼓動工作

歌特

导左翼文艺运动的党的干部比较自觉地采取了团结中间作家和争取公开的策略，文艺界逐步形成了以左翼作家为核心的广泛的革命的统一战线。从政治上看，《文艺战线上的关门主义》的意义还不止于此。它表明张闻天已经从文艺这个局部，开始承认中间力量的存在及其进步作用，开始否定共产国际和临时中央“打击中间力量”的策略。

《论我们的宣传鼓动工作》在反倾向斗争问题上迈出了更大的步子。张闻天对当时奉为神圣的“右倾是主要危险”的公式公开表示怀疑和不满。他尖锐地批评了宣传鼓动工作中脱离群众、脱离实际等教条主义的“左”的毛病，并概括其特点“就是‘党八股’（又名‘十八套’）”。他写道：“笼统的一百零一次的背诵‘右倾是主要危险，但是不要忘记“左”倾’这一套党八股，并不能丝毫帮助我们去同‘左’右倾机会主义做斗争。”张闻天没有把对“左”倾的批评限于宣传鼓动工作，而是从事实的教训中对思想方法、群众路线、党内斗争、白区工作等方面的“左”的倾向都表示了很大的不满以至反对。

“歌特”的文章，是张闻天开始突破“左”的指导思想、向反对“左”倾方面转变的标志。虽然从根本的路线和策略来说，这时张闻天还没有摆脱“左”倾错误的窠臼。

在中央苏区

1932 年冬，中共临时中央在上海无法继续立足，遂决定迁往刚刚建立了中华苏维埃共和国的中央根据地。1933 年 1 月中旬，张闻天到达瑞金。没过几天，博古、陈云等也陆续到达。随即召开了一个临时中央和苏区中央局合并的会议，成立了新的中共中央政治局。博古被推选为中共中央总负责人。张闻天被推选为常委兼宣传部长、党报委员会书记。

1933 年 1 月下旬新的中共中央刚一成立，就面对着国民党对中央苏区发动的第四次“围剿”。博古等实行“左”倾路线的中共中央领导人以一种狂热的态度来领导第四次反“围剿”斗争。在 2 月 8 日作出的决议中，提出了“创造一百万铁的红军”、“借二十万担谷子”等显然过高过急的任务。为了推行“左”的政策，发动了所谓反“罗明路线”的错误斗争，张闻天参与了领导。3 月下旬，又发动批判所谓“江西罗明路线”的斗争，张闻天在开始阶段也作了报告，写了文章。不过由于他的工作很快转向政府方面，反“江西罗明路线”的斗争就由别的中央同志负责了。

第四次反“围剿”胜利后，中央苏区得到一个相对稳定发展的时期，大约持续了半年光景。在此期间，张闻天在中央常委内分工管理政府工作，着重研究解决根据地中涉及的各种方针政策问题。由于较多地接触与了解了实际情况，张闻天在理论与实践的碰撞中逐渐觉察错误，汲取教训，对不少“左”倾错误的具体表现加以反对，有所纠正。在经济政策、劳动政策、政权建设、文化教育、宣传工作、党的建设等方面提出了不少比较正确的观点和比较符合实际的方针、政策。

张闻天在实际工作中逐步摆脱“左”的桎梏，这就不可避免地同迟迟没有觉悟的博古产生分歧。争论首先发生在对“共同抗日三条件”的理解上。张闻天与博古不同，认为“三条件”体现了统一战线策略的变化，“是宣传的，也是行动的号召”，不仅是对下层士兵与广大工农群众讲的，“也是对上层军官讲的”。① 两人对于资本主义经济的政策主张也大相径庭。博古认为中国民族资产阶级也是工农民主专政“无情斗争”的目标，主张对资本主义“系统限制”②；张闻天则提出利用私人资本来发展苏维埃经济的观点，主张采取利用、限制、竞争、斗争的政策。③ 博古、洛甫之间更大的分歧产生在福建事变前后。针对博古

① 张闻天：《从福建事变到遵义会议》，《遵义会议文献》，人民出版社1985年版，第76页。

② 博古：《论目前阶段上苏维埃政权的经济政策》，《斗争》第8期，1933年4月15日，《斗争》第16期，1933年6月25日。

③ 张闻天：《五一节与劳动法执行的检阅》、《论苏维埃经济发展的前途》、《论苏维埃政权下的阶级斗争》等，分别载《斗争》第10期，1933年4月1日；第11期，1933年5月10日；第14期，1933年6月5日；第15期，1933年6月15日。

↑ 1934 年 1 月 21 日至 2 月 1 日，中华苏维埃共和国第二次全国苏维埃代表大会在江西瑞金召开。图为全国苏维埃代表大会主席团成员合影。

对于十九路军与福建事变采取的关门主义方针，张闻天写了《关于苏维埃政府的〈宣言〉与反机会主义的斗争》①，从反倾向斗争的高度，予以严肃的批评。在军事行动上，博古采取“完全不配合”的策略；张闻天则完全相反，“主张积极配合”，明确“反对”红军西调而主张“东调”援助十九路军。② 在广昌战役之前，张闻天就反对在广昌同敌人决战；广昌战役失败后，博、洛之间发生了公开的冲突。在 1934 年 5 月召开的一次军委会议上，张闻天批评广昌战斗中“不该同敌人死拼”，说这种拼消耗的打法，使红军主力遭受不应有的损失。博古不但不接受批评，反过来指责张闻天这是普列汉诺夫反对 1905 年俄国工人武装暴动的机会主义思想。两人在会上争执起来，结果不欢

---

① 《斗争》第 36 期，1933 年 11 月 26 日。

② 陈云：《遵义政治局扩大会议传达提纲》；张闻天：《从福建事变到遵义会议》；均收入《遵义会议文献》，人民出版社 1985 年版，第 37、76 页。

紅色中華

中華蘇維埃共和國中央執行委員會布告

中央執行委員卽以此正式的和候補的二百十一委員組織之，爲全蘇大會閉幕後之最高政權機關。

二月三日中央執行委員會召開第一次會議，一致選舉：毛澤東，項英，張國燾，朱德，張聞天，博古，周恩來，瞿秋白，劉少奇，陳雲，林伯渠，鄧振詢，朱地元，鄧發，方志敏，羅邁，周月林，等十七人組織主席團爲執行委員會閉幕後之最高政權機關。幷以 毛澤東爲中央執行委員會主席，項英，張國燾，爲副主席，

同時又選舉張聞天（洛甫）爲人民委員會主席。在人民委員會之下，設立下列十一人民委員部爲中央行政機關：

↑张闻天在中华苏维埃共和国第二次全国苏维埃代表大会上当选为人民委员会主席。图为《红色中华》刊载的有关布告。

而散。[①]

张闻天在 1934 年 1 月召开的中共六届五中全会上，被补选为中央委员，当选为中央政治局委员、常委。在接着举行的中华苏维埃第二次全国代表大会上，当选为人民委员会主席。随着同博古分歧的发展，在实际上他受到了一些排挤。1934 年六七月间，在项英刚从闽赣巡视回来不久又派张闻天到闽赣巡视工作。张闻天意识到这是不让他与闻重大决策的一个由头，但他还是服从中央的决定。

党内矛盾促进了张闻天对“左”倾冒险主义的怀疑和否定。他搬到沙洲坝人民委员会工作，同毛泽东合作共事

① 张闻天：《从福建事变到遵义会议》；伍修权：《生死攸关的历史转折》；分别见《遵义会议文献》，人民出版社 1985 年版，第 77、111 页。

↑张闻天在瑞金的住所——沙洲坝下霄村下屋场。

也增进了对毛泽东的了解，认识到毛泽东的正确。这样，张闻天反对“左”倾的思想逐步占了主导地位。《反对小资产阶级的极左主义》、《闽赣党目前的中心任务》① 等文章就是这种转变的明显标志。他在政治上批评了“小资产阶级的极左主义”，说明这是“机会主义另一种形式的表现”，提出“不要惧怕‘左倾革命家’的威吓”；在军事策略上批评“分兵把口，困守堡垒的办法”，提出“这种公式必须立刻粉碎”，闽赣党的第一任务是“武装广大群众，发展游击战争”。

张闻天到 8 月下旬才从闽赣返回瑞金。这时他实际上被剥夺了参与最高决策的权力。他与毛泽东一起住在瑞金城西云石山上的云山古寺。坦诚的交谈促使他们更加接近。在踏上长征道路的时候，他们已经成为互相配合合作

① 两文分别载于《斗争》第 67 期，1934 年 7 月 14 日；《斗争》第 71 期，1934 年 9 月 7 日。

←瑞金城西云石山上的云山古寺。

的战友了。

在长征出发之前，张闻天作出的重大贡献是在9月29日《红色中华》上发表了署名社论《一切为了保卫苏维埃》，从理论上对红军战略大转移作出解释。同六届五中全会断定中国存在着“直接革命形势”、第五次反“围剿”“即是争取中国革命完全胜利的斗争”等观点完全不同，张闻天清醒地指出中国革命的长期性和不平衡性。他写道：“这种国内战争是整个时期的长期的死战，而不是几天几月甚至几年完成的。在这种决战中，我们在某些区域得到空前的伟大的胜利，在有些区域内则可以遭受部分的挫折。”张闻天还提出并阐明了灵活运用各种斗争方式，尤其是退却、缩短战线、转移地区的方式，以保存有生力量争取胜利的观点，从而肯定了放弃某些苏区与城市以“缩短战线”，突破封锁线“转移地区”，是在敌人优势兵力压迫、堡垒重重封锁之下，保存红军有生力量、粉碎“围剿”的可取的方式，不应该因此“悲观失望”，“失去

紅色中華

社論

一切為了保衛蘇維埃！

張聞天

→动员长征的战略社论《一切为了保卫苏维埃》。

了革命的信心与前途”。张闻天的这些观点反映了他同毛泽东的认识趋向一致。这篇社论实际上成为红一方面军长征的宣言书和动员令。社论发表以后，红军总政治部发布《政治指令》，要求根据这篇社论，“在部队中进行充分的宣传解释工作”。董必武在1936年写的回忆录《出发前》中，称它是“一篇关于红军战略的社论”。这一切表明，张闻天踏上长征的途程时思想有了飞跃性的发展，已经走到了反对“左”倾错误的一边。

遵义会议

1934年10月10日，张闻天同毛泽东、王稼祥一道从瑞金的梅坑出发，突围西征。他们一起行军，一起宿营，被称为“中央队三人团”。通过行军路上的交谈、讨论，张闻天对毛泽东的军事思想有了进一步理解，对李德、博古军事领导的错误认识得更清楚了。

↓张闻天在1943年延安整风笔记中记述长征的手迹。（中央档案馆提供）

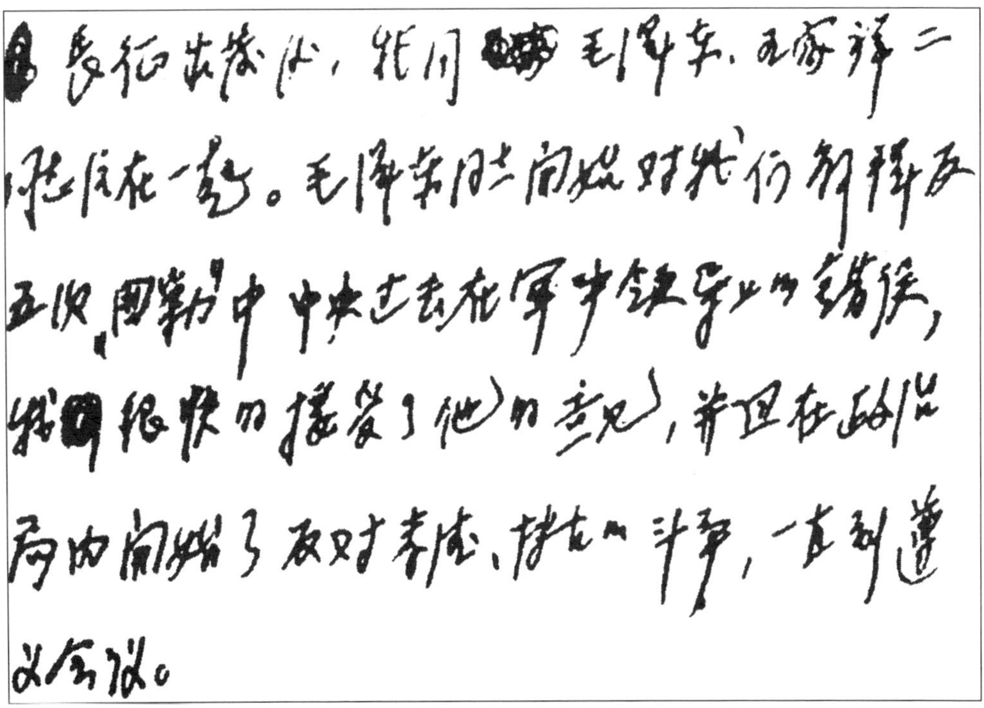
长征出发后，我同毛泽东、王稼祥二同志住在一起。毛泽东同志开始对我们解释反五次“围剿”中中央过去在军事领导上的错误，我很快的接受了他的意见，并且在政治局内开始了反对李德、博古的斗争，一直到遵义会议。

11 月底在突破敌人第四道封锁线的湘江战役中，错误指挥使红军遭受惨重损失。12 月初过了老山界后，张闻天同毛泽东、王稼祥一起，在政治局内公开批评中央军事指挥的错误。12 月 12 日，张闻天出席通道会议，支持毛泽东向贵州进军的主张，为多数人赞成。然而博古、李德还是坚持向湘西行动。于是，在 12 月 18 日的黎平会议上，张闻天同毛泽东一起，又一次就行军方向同博古等展开激烈争论。会议通过了毛、张、王提出，周恩来支持的“转兵”方针，决定向贵州前进，在以遵义为中心的川黔边地区建立新的根据地。但在进军途中，李德、博古仍不放弃他们的错误方针。12 月 20 日，张闻天与王稼祥在黄平橘林商谈，提出要变换军事领导，让毛泽东出来指挥。1935 年 1 月 1 日的猴场会议坚决执行黎平会议的方针，决定强渡乌江；在以后的行军路上，又停止了李德对于红

↓遵义会议会址。

↑遵义会议原址陈列的会议室。

军的指挥。这一切为遵义会议的召开奠定了基础。

1935年1月15日至17日，在贵州遵义召开的中共中央政治局扩大会议，在中国共产党的历史上是一个生死攸关的转折点。在历史转折的关头，张闻天同毛泽东、王稼祥和党与军队的许多领导同志一道，跟错误领导展开了尖锐的思想斗争，发挥了别人无法取代的作用。在博古作报告和周恩来作副报告以后，张闻天首先起来作反对中央领导单纯防御军事路线的报告（通称“反报告”）。他手里拿着一迭提纲，侃侃而谈，旗帜鲜明而有系统地批评第五次反“围剿”和西征途中的错误的军事领导，彻底否定单纯防御的军事路线。这个提纲是张闻天按照会前同毛泽东、王稼祥共同商量的意见写成的。毛泽东接着作长篇发言，对错误军事指挥进行了切中要害的批评，并阐述了中国革命战争的战略战术问题和今后军事上应该采取的方

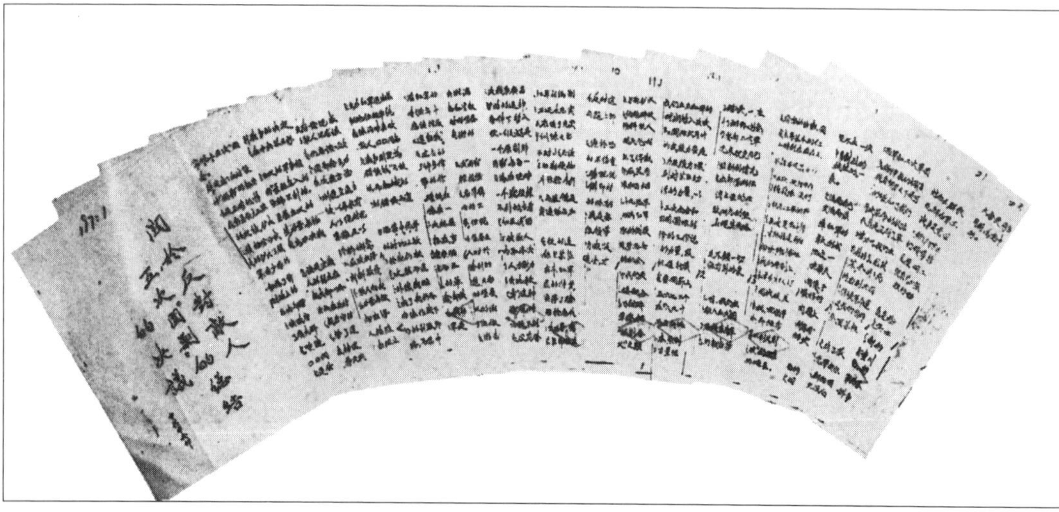

↑遵义会议决议的最早文本。

针。“洛甫及毛、王的提纲和意见”，在遵义会议上得到周恩来和除博古、凯丰、李德以外的其他同志的“完全同意”。

遵义会议推选毛泽东为中共中央政治局常委，委托洛甫起草决议，会议决定“常委中再适当分工”。1935 年 2 月 5 日，在一渡赤水后向扎西（今威信）集中的途中，中共中央到达水田寨附近一个村子，在这里常委讨论分工，决定由张闻天立即代替博古担任中共中央总负责人（习惯称“总书记”），在党内“负总的责任”。张闻天就职以后，从 2 月 5 日当天到 2 月 9 日，在由水田寨到扎西镇的行军途中主持中央政治局连续开会，讨论了军事问题，作出了“回兵”黔北和“缩编”的决议；讨论了全国各苏区和红军的战略方针及组织问题，作出了重要决定；特别重要的是讨论通过了由张闻天起草的《中共中央关于反对敌人五次“围剿”的总结决议》（通称《遵义会议决议》），并立即首先由张闻天在 2 月 10 日向中央军委纵队党员干部会作了传达。

《遵义会议决议》通过反“围剿”战争中正确的与错

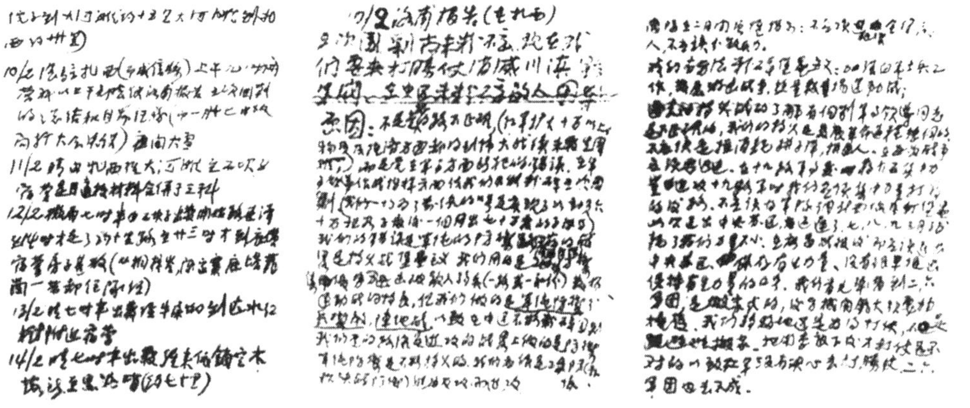

↑2月10日，张闻天在扎西传达《遵义会议决议》。这是通信部门负责人伍云甫当时所作记录手迹。

误的两种战略战术的对比，论证了第五次“围剿”不能在中央苏区粉碎的主要原因是“对军事领导上战略战术基本上是错误的”，并系统地论述了毛泽东创造的、符合中国革命战争规律的战略战术原则。主要是：在运用兵力上，不应“分散兵力”而应“集中优势兵力”、“各个击破敌人”；粉碎堡垒主义的方法，不应采取“阵地战”，不应用“分兵抵御”、“短促突击”的方法，而应发扬红军“运动战”的特长，运用“诱敌进来给以消灭的战法”；对付敌人持久战的方法，是整个“战争的持久战与战役的速决战”，而不是相反；应“保持有生力量”、“等待有利时机”，而不能采取“拚命主义”。《遵义会议决议》还对实行战略转移与突围的过程作了系统的总结，对其间李德、博古的原则错误作了深刻的批评。《遵义会议决议》是反“围剿”战争经验教训的历史总结，是党和军队集体智慧的结晶，是对毛泽东关于中国革命战争的战略战术的第一次系统论述。《遵义会议决议》是在中国共产党同共产国际联系中断的情况下独立自主地作出的，它反映了中共中央政治局运用马克思列宁主义基本原理认识中国革命战争规律已达到比较成熟的水平。对于党中央的主要负责人、《遵

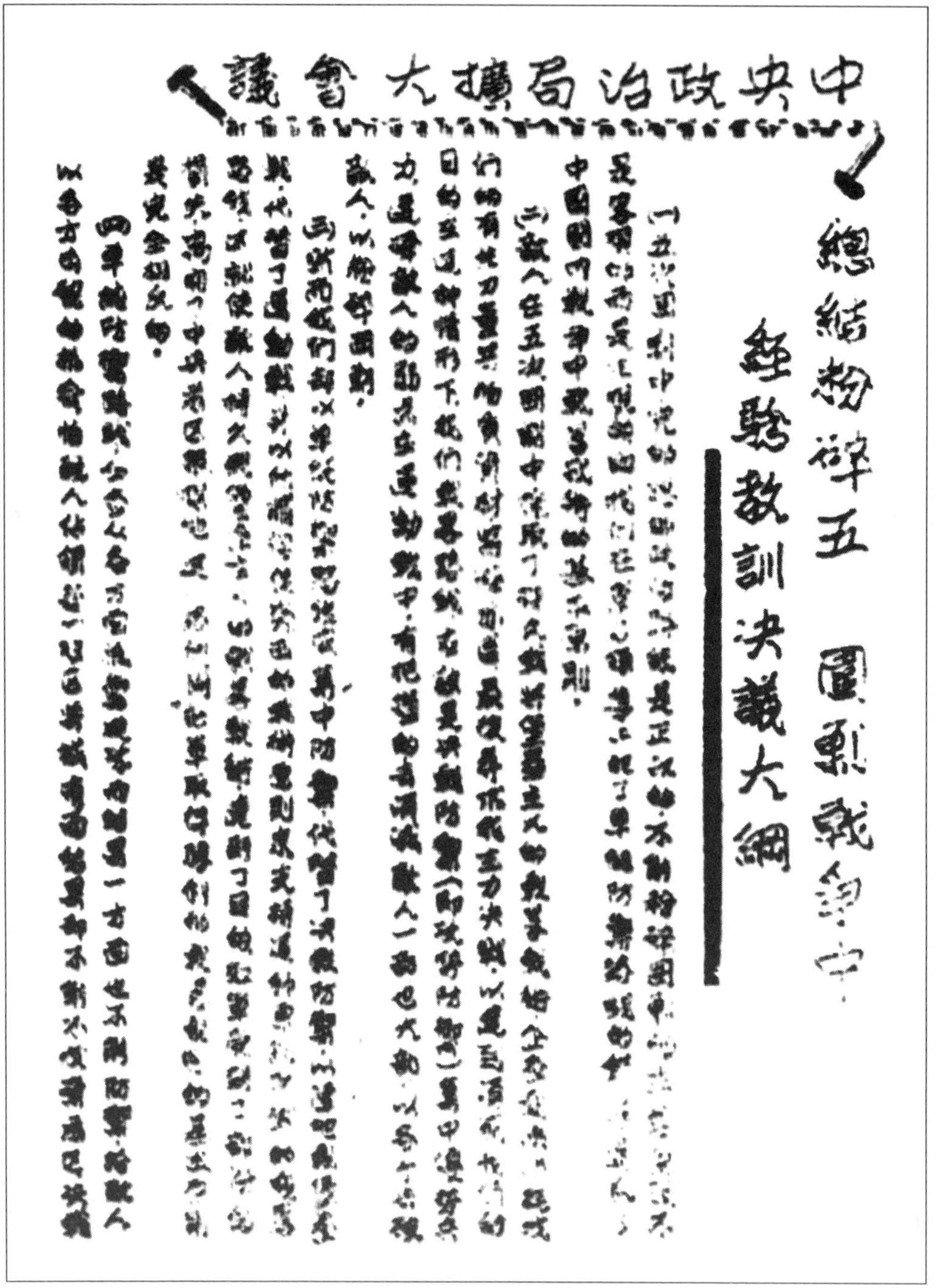

↑张闻天起草的《遵义会议决议大纲》。(中央档案馆提供)

义会议决议》的起草者张闻天来说，遵义会议及其决议是他摆脱“左”倾教条主义、自觉实现转变的标志。

张闻天担任中共中央总负责人以后，更加坚定地支持毛泽东的军事指挥。毛泽东在红军的领导地位，从遵义会议后“军事上的帮助者”，到重占遵义后就任前敌总指挥，到撤销攻打打鼓新场计划后进入重新建立的“三人军事领导小组”，直至5月会理会议进一步巩固，经历了一个逐步确立到巩固的过程。在这个过程中，张闻天是有力的支持者。张闻天同毛泽东配合合作，是毛泽东军事指挥顺利进行的可靠保证。

反对张国焘右倾分裂主义

长征是一次举世罕见的伟大而艰难的进军。毛泽东担负军事领导以后，指挥红一方面军四渡赤水，取得了战争的主动权。会理会议以后，又顺利通过彝族区，强渡大渡河，飞夺泸定桥，攻占天全芦山，于6月12日同红四方

↓在西康省（今属四川省）泸定县大渡河上的泸定桥。

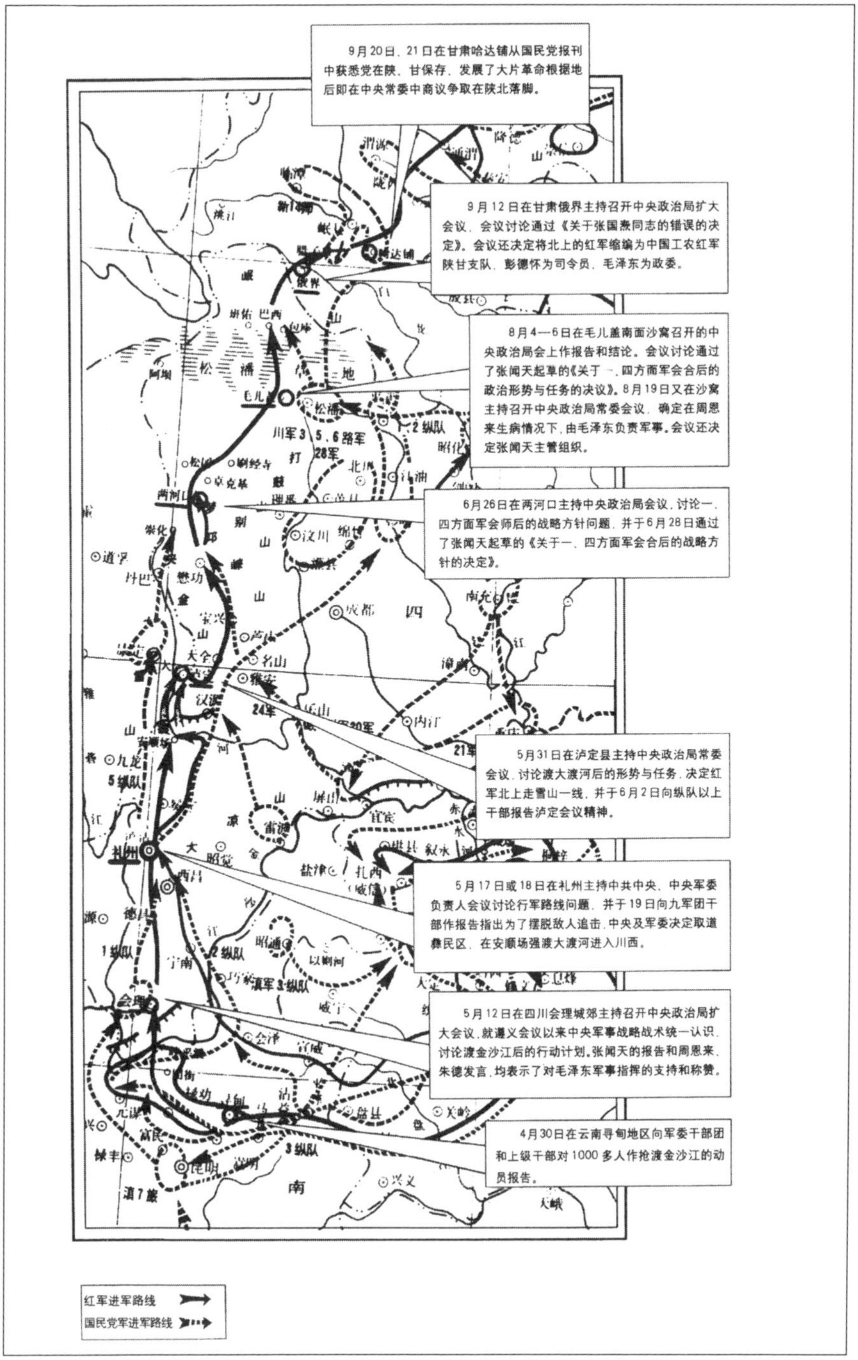

↑长征途中张闻天主持中央重要会议及所做重要报告的地点示意图。

面军在懋功地区胜利会师。

红一、四方面军会合以后，围绕着“北上”还是“南下”、“西进”的战略方针问题，党中央同张国焘展开了复杂而又尖锐的斗争。张闻天同毛泽东合作领导了这场斗争。在两河口会议前，张闻天发表了《夺取松潘，赤化川陕甘!》[①]一文，论述了在创立川陕甘根据地的过程中争取“决战胜利”的战略意义和“运动战”的原则，并针对张国焘的主张，不指名地批评“避免战争”的“逃跑主义倾向”。这是最早的一篇系统阐述“北上”方针、批评张国焘右倾错误的文章，为两河口中央政治局会议决定“北上”战略方针作了思想准备。

6月26日，两河口会议由张闻天主持举行。他在会上作了总结性发言。明确指出“北上”方针“是前进的，唯一正确的”，“西进”方针“是退守的，不适用的”，当前应“首先进攻或控制松潘”。6月28日，发布了《关于一、四方面军会合后战略方针的决定》。然而张国焘对自己在会上赞成的攻打松潘计划却极力延宕。他还仗恃人多装备好，在“组织问题”上提出种种要求。

为了团结北上，张闻天主动表示愿意让出“总书记”的职位。毛泽东从全局考虑以为不妥。后经芦花会议决定，红军总政委一职由张国焘担任，张国焘这才勉强率领四方面军北上向毛儿盖地区集中。可是，到了毛儿盖以后，张国焘又进行一系列反对中央、破坏团结的活动。张闻天同毛泽东、周恩来等采取了特殊的、十分忍耐的方

① 《前进报》第1期，1935年6月24日。

针。8 月上旬，在沙窝举行中央政治局会议，再次讨论一、四方面军会合后的形势与任务和组织问题。张闻天就第一项议程作了“报告”和“结论”，并起草了《中央关于一、四方面军会合后的政治形势与任务的决议》。经沙窝会议讨论通过的这个决议，对一、四方面军会合后一个多月来出现的主要问题，作出了深刻而又具体的回答，有力地然而又是策略地抵制和批评了张国焘“西进”、“南下”的错误战略方针、枪指挥党的军阀主义倾向、破坏两个方面军团结的行为和避战退却逃跑的右倾机会主义动摇，创造了在特殊情况下正确处理党内矛盾的一个范例。

张国焘又一次玩弄两面派惯技。他在会上赞成沙窝会议决议，会后继续同中央“北上”计划对抗。为了克服

↓ 1935 年 8 月 20 日，中共中央政治局在毛儿盖召开扩大会议。图为毛儿盖全景。

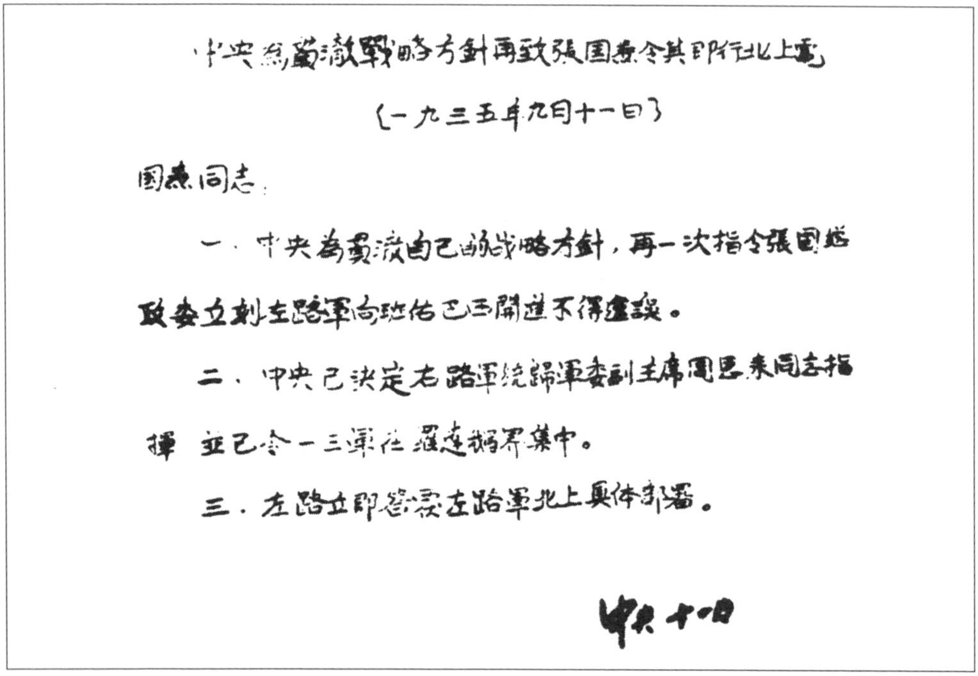

中央為貫徹戰略方針再致張国焘令其即行北上電

（一九三五年九月十一日）

国焘同志：

一、中央為貫徹自己的战略方針，再一次指令張国焘政委立刻率左路軍向班佑巴西開進，不得違誤。

二、中央已决定右路軍統歸軍委副主席周恩來同志指揮，並已令一三軍在羅達拉界集中。

三、左路立即答覆左路軍北上具体部署。

中央 十一日

↑党中央令张国焘北上电。（中央档案馆提供）

张国焘新的阻挠，8 月 20 日在毛儿盖举行了政治局会议，一致同意毛泽东提出的“向东（陕西）”发展的方针，反对“向西”。会后，张闻天带领党中央机关随毛泽东、周恩来等率领的右路军行动。8 月下旬进入茫茫草地，行进 5 天，终于在月底胜利通过，到达四川、甘肃交界之班佑、巴西地区。

尽管张国焘执迷不悟，反对北上东出方针，张闻天、毛泽东等还是宽容忍让，耐心等待。到达班佑、巴西地区后，右路军即在当地休整，等候左路军到达。张国焘却坚持分裂党的错误和向川康藏边退却的“南下”方针。致电右路军中的红四方面军，要他们命令正在北上的中革军委纵队移到马尔康待命，如不听则将其扣留。9 月 8 日，党中央致电张国焘，再次说明“南下”极端不利，希望左路军立即北上。张国焘置若罔闻。在接到此电之后，于 9 月 9 日一面致电中革军委，坚持其“南下”的主张；一面背着党中央电令右路军政委陈昌浩，要他率右路军“南下”，“彻底开展党内斗争”，企图分裂和危害党中央。叶剑英识破了张国焘的阴谋，立即报告毛泽东。在此危急时刻，张闻天同毛泽东、博古一起赶到红三军[①]驻地，同在那里养病的周恩来等举行中央军委紧急会议，决定党中央同四方面军暂时分离，率右路军中的红一、三军和军委纵队迅速转移，脱离险境，先行北上。会后，张闻天向李维汉布置了任务，要他负责带领党中央机关、政府机关、总政治部等单位于次日（9月10日）凌晨开始行动。[②]部队从巴西出发后，张闻天策马前后照应，亲自向干部讲明当时的危险处境，还跟彭德怀一起布置红三军部队在山上警戒。

9月12日，张闻天在甘肃省迭部县俄界主持政治局扩大会议，讨论张国焘的错误及红军行动方针。他在发言中指出，张国焘错误的实质是“右倾的军阀主义”，“其前途必然是组织第二党”；但同时又指出“只要还有一线可能，我们还要争取他”。会议通过了

↑俄界会议后，1935年9月17日，红军突破川甘边界的天险腊子口进入甘南，随即占领哈达铺。图为天险腊子口。

① 1935年7月21日，根据中革军委的命令，一方面军的一、三、五军团改为一、三、五军，九军团改为三十二军，四方面军各军番号不变。

② 李维汉：《回忆与研究》（上），第364页。

↑中央红军二万五千里长征的终点——陕北吴起镇

《关于张国焘同志的错误的决定》。

9月20日左右，张闻天等到达甘南小镇哈达铺，部队正式改编为中国工农红军陕甘支队。在这里，从报纸上获悉陕北不仅有红军、游击队，而且有大块的苏区根据地。张闻天立即写下一篇题为《发展着的陕甘苏维埃革命运动》的“读报笔记”[①]，表达了前往那里落脚的意向。到达榜罗镇后，张闻天主持政治局常委会，正式作出红军长征落脚陕北的决定。

1935年10月19日，陕甘支队到达陕北吴起镇。红一方面军的长征，跋涉二万五千里，纵横11个省，到达这里终于完成。张闻天同红军指战员一起走过了这一艰难光荣的历程，作出了卓越的贡献。

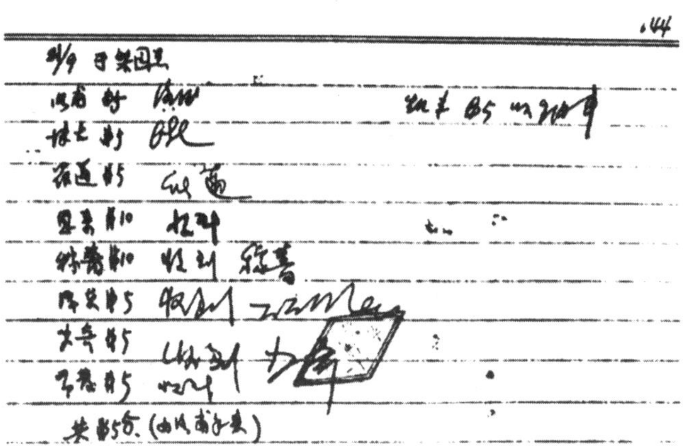

↑津贴费签收单（1935年9月21日）（中央档案馆提供）

① 《前进报》第3期，1935年9月28日。

从瓦窑堡会议到西安事变

红一方面军到达陕北后，张闻天在1935年11月3日下寺湾政治局会议上提议中央“分两部分”行动。会后，毛泽东、周恩来、彭德怀率部队南下到前线作战，张闻天、博古率党中央机关进驻安定县瓦窑堡。革命有了落脚点，张闻天这才成了家。他同长征中接替邓小平担任中央队秘书长的刘英结为终身伴侣。

↓ 1939年春，张闻天与刘英于延安枣园。（刘英提供）

↑张闻天、刘英结为终身伴侣后在瓦窑堡的住所。

1935年11月13日，张闻天主持西北中央局会议（即中央政治局会议，这时中共中央对外称中共西北中央局），提出扩大与巩固陕甘苏区，准备同日本帝国主义直接作战的战略任务。11月17日，张闻天写了《日本帝国主义的新进攻与民族革命战争的紧迫》①，提出在中国共产党面前的中心问题，就是经过一些转变的环子，灵活地运用广泛的统一战线（包括上层社会与某些军阀）的策略，引导广大群众走上直接的民族革命战争的道路。就在这时，张浩（即林育英）到达瓦窑堡。张浩曾作为赤色职工国际代表在1935年七八月间出席了共产国际“七大”，会议中途被派遣回国。一路走了三个月，终于寻找到了同国际失去电讯联系的中共中央。他向张闻天传达了国际

① 《斗争》第74期，1935年11月21日。

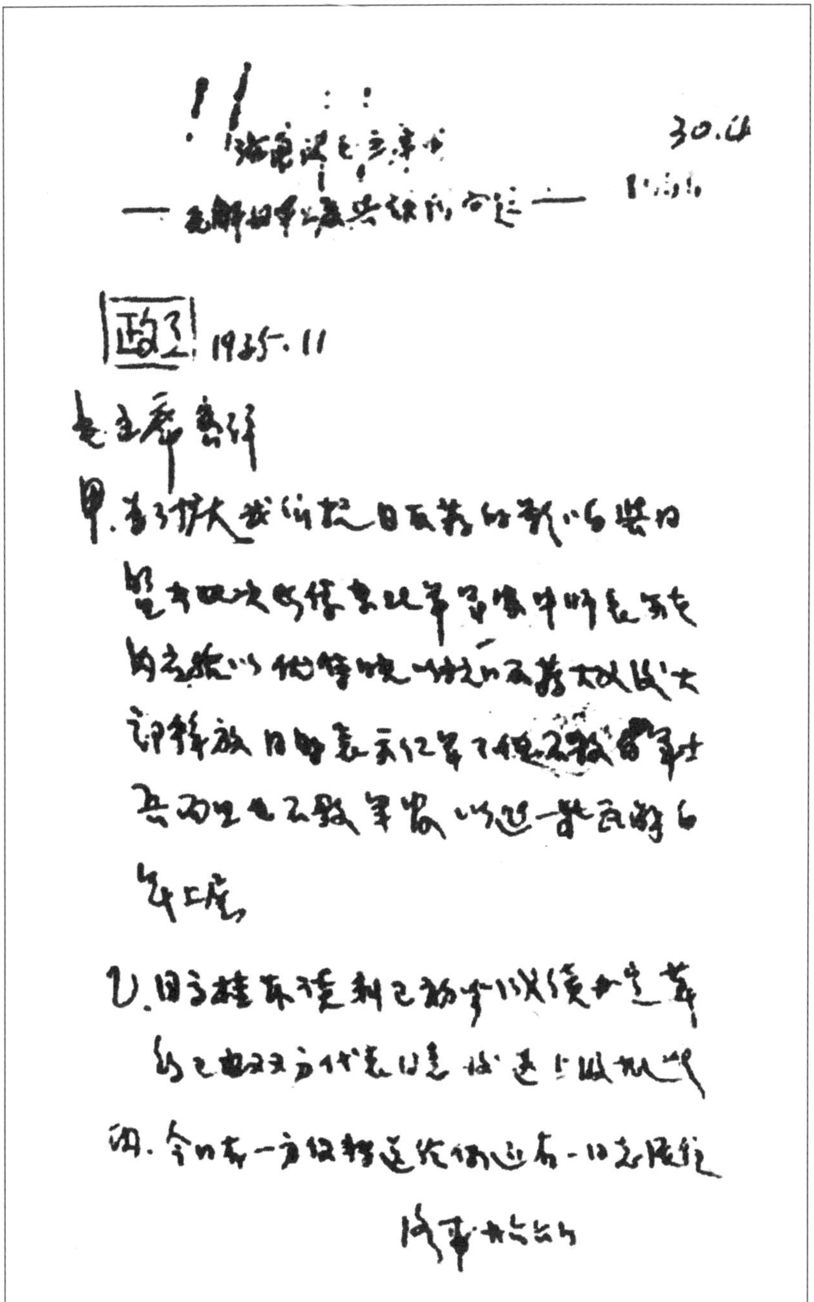

↑洛甫回复毛泽东的电报。（中央档案馆提供）

“七大”关于转变策略、建立反法西斯统一战线和人民阵线等精神。当时毛泽东正在前线，凡策略转变中的重要问题，张闻天都同毛泽东函电商量，征得同意。

11 月 29 日，张闻天召集政治局会议，专门讨论统一战线问题。在会上，他就“反对日本帝国主义的侵略”的策略问题作报告和结论。同时，主持发布了《抗日救国宣言》，并为此写了《拥护苏维埃政府与工农红军的抗日宣言》一文。张闻天的报告、结论与主持发布的宣言和为此写的文章，对广泛的抗日反蒋统一战线策略增加了许多新的内容、新的步骤，是张闻天和中共中央将国际“七大”精神与中国实际情况结合对灵活运用广泛的统一战线策略所作的重要充实和发展。其中包括：提出共同组织抗日联军和国防政府；提出抗日救国“十大纲领”，作为统一战线组织的纲领，联合行动的方针；强调“反对目前最主要的敌人”日本帝国主义，强调“坚决同关门主义作斗争”，“我们可以和国民党的队伍结成反日蒋同盟”，就是“只反日不反蒋”的武装队伍，我们“也可以”与之联合。

12 月 6 日，张闻天又主持政治局会议，就改变对富农策略的问题作“报告”和“结论”。会议作出了《关于改变对富农策略的决定》，提出在白区“联合富农”；在苏区，“只取消富农的封建剥削”，使其采取善意中立的态度，纠正了“加紧反对富农”的“左”倾错误。

11 月底与 12 月初，张闻天主持的这两次政治局会议，拉开了从土地革命战争到民族革命战争伟大策略转变的序幕，为瓦窑堡会议的召开作了准备。

毛泽东、周恩来在直罗镇战役胜利后于 1935 年 12 月中旬与张闻天、博古等中央领导人在瓦窑堡会齐。从12月17日起，张闻天主持召开了著名的瓦窑堡会议（中央政治局会议）。他就会议的第一项议程——政治形势与策略，作了报告。12月25日，会议通过了张闻天起草的《关于目前政治形势与党的任务决议》。在历史大变动的前夜，该决议提出“党的政策路线，是在发动、团结与组织全中国全民族一切革命力量去反对当前主要的敌人——日本帝国主义与卖国贼头子蒋介石”。为此，必须运用“最广泛的反日民族统一战线（下层的与上层的）”，“不论什么人，什么派别，什么武装队伍，什么阶级……都应该联合起来开展神圣的民族革命战争”；“我们的任务，是在不但要团结一切可能的、反日的基本力量而且要团结一切可能的反日同盟者，是在使全国人民有力出力，有钱出钱，有枪出枪，有知识出知识，不使一个爱国的中国人不参加到反日的战线上去。这就是党的最广泛的民族统一战线策略的总路线。”该决议要求全党“大胆的运用广泛的统一战线”，在实际的群众的斗争中去取得民族革命战争的领导权，指出：必须同党内的主要危险关门主义作坚决的斗争，同时要警惕“1927年时期的陈独秀主义，在新的大革命中，在部分的党部与党员中的复活”。① 该决议的起草，说明了在党的领导核心中的张闻天，已经从过去革命的失败中汲取了教训，学会了从中国革命实际出发，把当时共产国际提出的反法西斯统一战线的总方针，创造性地运用来指

① 《中央关于目前政治形势与党的任务决议》，《六大以来》（上），人民出版社1980年版，第736—737、743—744页。

↑瓦窑堡会议会址——瓦窑堡下河滩田家院。

导中国的革命运动。

12 月 27 日，张闻天主持党的活动分子会议，毛泽东作《论反对日本帝国主义的策略》的报告。毛泽东系统地、深刻地阐述了抗日民族统一战线的策略，传达了瓦窑堡会议决议的精神。

瓦窑堡会议以后，张闻天立即进行具体部署，加强统一战线工作。在 12 月 29 日的政治局会议上，他提议"为加紧对北方的领导"，派刘少奇到天津任北方局中央代表。会前他先同刘少奇商量，征得刘的同意。1936 年 4 月，又派冯雪峰担任中央特派员前往上海。9 月，又派潘汉年重返上海。很长时间，白区工作一直由张闻天分管。他同胡服（刘少奇化名）、李允生（冯雪峰化名）、小开

（即潘汉年）函电往还，频频不断，推动了全国青年学生与社会各界的抗日救亡运动，尽可能地向国民党上层领导人和军队将领宣传了党的抗日主张。张闻天非常重视并始终关注对东北军和西北军的联合工作。他同毛泽东、周恩来一起制定了联合东北军的方针，亲自指导过联合西北军的工作。① 他还首先建议指派一批干部专门从事这项工作。1936年2月底，受托为南京方面送信的人员到达陕北，

↓张闻天与彭德怀。

① 据李华生：《回忆张闻天同志在陕北的革命业绩》，《回忆张闻天》，湖南人民出版社1985年版，第102页。

传递了与共产党商谈联合抗日的意向。在东征前线的张闻天同毛泽东、彭德怀联名复电，提出“停止一切内战，全国武装不分红白，一致抗日”等与南京当局谈判的五点意见。由此开始，对这种断断续续的秘密交往，张闻天一直关心和参与指导。

为了扩大和巩固陕甘根据地，发动抗日，毛泽东提出过黄河东征的决策，张闻天坚决支持。为表示东征决心不动摇，张闻天在 1 月 17 日政治局会议上代表中央常委提

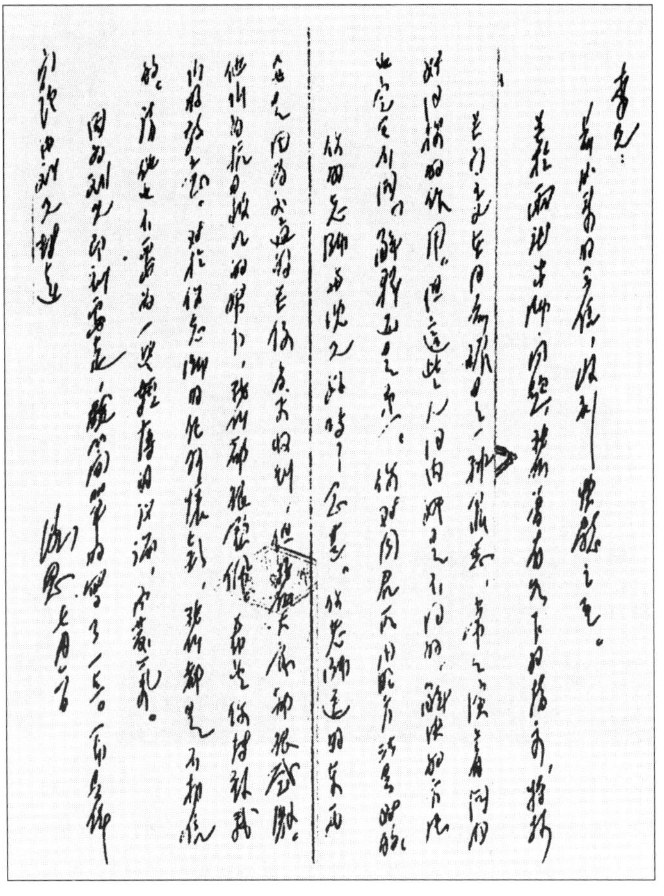

→1936 年 7 月 6 日，张闻天执笔、与周恩来联名写给冯雪峰的指示信手迹。（中央档案馆提供）

出："中央领导随主力行动，到红军中去。"2 月 20 日，红军过河东征，张闻天一直随军行进。途中得到共产国际"七大"的正式文件。张闻天乃于 3 月下旬在晋西交口至石楼一带召开政治局会议（通称晋西会议）。张闻天在会上作报告，论述共产国际"七大"与我党抗日统一战线方针①，提出对国际"七大"决议，"我们应该使之民族化，使之适合于我们的具体环境"；党的"中心任务是抗日"，"目前的关键，是建立统一战线"，"我们现在主张国内和平，联合抗日"，"朝统一战线的政权（抗日联军、国防政府）的方向发展"。经过充分讨论，会议肯定了瓦窑堡会议对形势的分析和策略的转变以及东征的决策。5 月初，中央决定结束东征，撤回河西，5 日发出《停战议和一致抗日》通电。"停战议和一致抗日"这个口号，集中体现了晋西会议决定的方针。

1936 年 8 月 8 日，潘汉年到达保安，汇报了同国民党谈判的情况，传达了共产国际关于统一战线的指示。在这之前不久，中共中央收到了南京方面提出的关于国共谈判的新的条件，潘汉年传递了南京急于要求答复的信息。张闻天于 8 月 10 日召集政治局会议，讨论新形势下统一战线策略，特别是对蒋介石方针的转变问题。根据会议决定和 8 月 15 日"国际电报"（即"政治指示"）精神，8 月 25 日发出了张闻天起草的《中国共产党致中国国民党书》，直接呼吁国民党停止内战，组织国共两党共同反

---

① 这个报告以《共产国际"七大"与我党抗日统一战线的方针》为题收入《张闻天选集》，人民出版社 1985 年版。

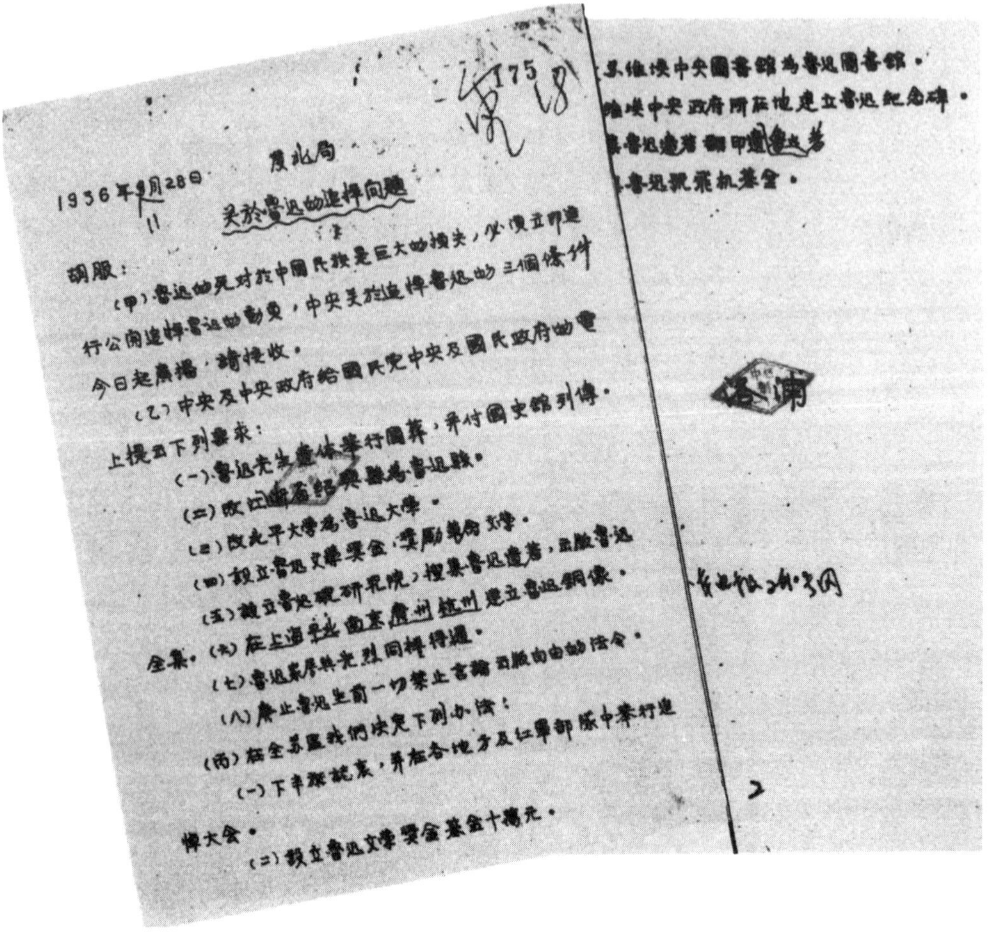

↑ 1936 年 10 月鲁迅逝世后，张闻天致北方局胡服（刘少奇化名）的电报。（中央档案馆　提供）

日的坚固的统一战线。9 月 1 日，中央书记处又下达了张闻天写的《中央关于逼蒋抗日问题的指示》，适时改变了“抗日反蒋”的口号。接着，在 9 月 15 日至 17 日召开的政治局扩大会议上，张闻天作“报告”和“结论”。会议通过了他起草的《中央关于抗日救亡运动的新形势与民主共和国的决议》。该决议正确地估计了在新形势下“国民党南京政府有缩小以至结束其动摇地位，而转向参加抗日运动的可能”，因而及时地将“人民共和国”的口号改变为“民主共和国”这一更为广泛的统一战线的口号。

张闻天还同毛泽东、张浩等一起，对张国焘“另立中央”的分裂主义错误进行了严肃的斗争与耐心的教育。1936年6月，张国焘不得不宣布取消第二“中央”，后又被迫同意北上。张闻天为促成一、二、四方面军三大主力胜利会师作出了贡献。

↑甘肃会宁红军三大主力会师纪念塔。（王静　摄）

西安事变爆发的第二天，1936年12月13日，张闻天在保安主持政治局常委扩大会议。他在发言中对会上“以西安为抗日中心”、“要求罢免蒋介石，交人民公审”以至“除蒋”等主张，用正面阐明自己意见的方式，表示了明确的反对。他提出“我们的方针：把局部的抗日统一战线，转到全国性的抗日统一战线”。“对妥协派（指蒋及其嫡系势力——引者）应尽量争取，与分化、孤立，我们不采取与

↓1936年12月13日的政治局常委扩大会议记录。

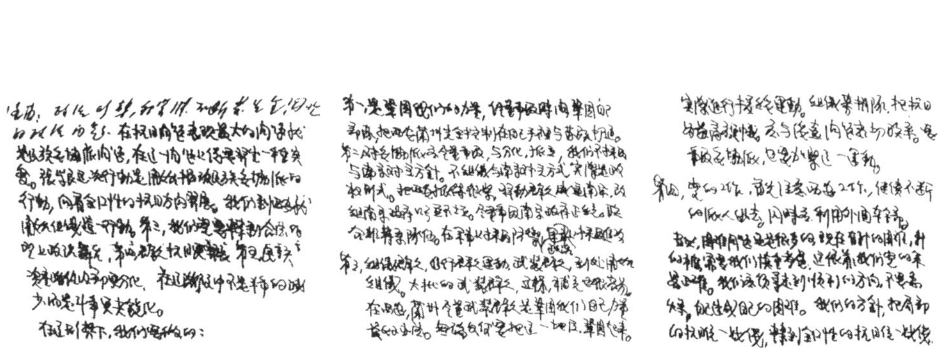

↑西安事变爆发第二天，张闻天在保安主持政治局常委扩大会议。这是当时党中央住地。

南京对立方针。不组织与南京对立方式（实际是政权形式）。……尽量争取南京政府正统，联合非蒋系队伍。在军事上采取防御，政治上采取进攻。”经过会后6天的发展变化，中共中央领导人的认识趋于一致。在12月19日政治局扩大会议上，张闻天在发言中赞同毛泽东关于和战两种前途的分析和争取“变国内战争为抗日战争”的主张。他提出：“我们的方针应确定争取成为全国性的抗日，坚持停止内战，一致抗日的方针”，强调我党“不站在反蒋的立场，不站（在）恢复反蒋的立场”，主张“应尽量争取时间，进行和平调解”；并在会上对“公审蒋介石”这一口号提出了批评。会议通过了关于和平解决西安事变的两个文件：《对西安事变通电》（公开）和《关于西安事变及我们的任务的指示》（党内）。12月25日，释放了蒋介石。但蒋氏回到南京后，立即扣留张学良，并派重兵进攻西安。西安上空战云密布，内战一触即发。在此危急关头，张闻天于1937年1月25日离开延安，27日秘密到达西安，同在西安的周恩来、博古和在云阳的彭德怀、杨尚昆、任弼时、王稼祥等多次紧急会商解决危机的对策。他们作出的决策得到毛泽东、朱德的赞同，被概括为“三位一体（指共产党和东北军、西北军），进则同进，退则同退”。后终因2月2日发生东北军少壮派枪杀王以哲将军的不幸事件而失却了“三位一体”的局面。

张闻天返回延安，正值国民党召开五届三中全会。他即主持起草中共中央致国民党五届三中全会电，提出“停止内战，一致对外”等五项国策，并表示在确定五项国策的前提下中共作出相应的四项保证。此后，国共两党即重开合作抗日的谈判。周恩来一直是同国民党代表和蒋介石面对面进行谈判的主将，张闻天则自始至终同毛泽东一起领导了这一持续半年多的紧张曲折、波澜起伏的谈判过程，

↓1937年4月初，中共领导人到机场迎接在杭州同蒋介石进行国共合作谈判后回到延安的周恩来。左三起：秦邦宪、张闻天、毛泽东、周恩来、彭德怀、林伯渠、萧劲光。

使谈判取得国共第二次合作成立的结果。在抗日民族统一战线实际建立的同时，共产党有了公开合法的地位又保持了独立性，保持了党对人民军队和根据地的绝对领导。

历史证明，在从瓦窑堡会议到西安事变实现从土地革命战争到抗日战争的伟大转变中，张闻天是中共中央领导核心人物之一，为党和民族建立了不可磨灭的功勋。

跨入新阶段

1937年3月，张闻天在政治局扩大会议上作《国民党三中全会后的形势与我党任务》的报告，指出国民党的五届三中全会，说明它已基本上结束了动摇，开始转向抗日；三中全会后，国内形势由停止内战进到准备实际抗战的新阶段；完成巩固和平、准备抗战任务的关键是实现民主权利；国共合作后的一个重要问题是争取领导权。他在4月发表的《迎接对日直接抗战伟大时期的到来》① 一文中，将这个新阶段的任务概括为“巩固国内和平、争取民主权利、实现对日抗战”，并指明抗日战争“必然是一个持久的战争”。

↑《解放》周刊创刊号封面和创刊号上发表的文章。

5月，在延安召开苏区党代表会议，张闻天致开幕词，指出：为了完成目前的迫切任务，“党必须大大加强

① 《解放》周刊第1期，1937年4月24日。

↑ 1937 年 5 月 2 日至 14 日，中共中央在延安召开党的苏区代表会议。图为大会会场。

白区党的组织与领导，使特区成为抗日的模范区”；“红军必须成为模范的抗日军，成为抗日战争的领导的核心”。他强调“取得共产党在民族革命运动中的领导权，是目前一切工作的中心”。会议批准了遵义会议以来党的政治路线，为迎接全国抗日战争的到来作了重要准备。

接着，张闻天又主持召开白区工作会议。刘少奇作《关于白区的党和群众工作》的报告。讨论中发生了不同意见的争论。1937 年 6 月 6 日，张闻天根据 6 月初中央政治局会议精神，在会上作了《白区党目前的中心任务》的报告。① 这个报告同他 1936 年 10 月 18 日写的小册子《关于白区工作中的一些问题》② 精神是一贯的，在国共两

① 参见《中共中央文件选集》(10)。

② 参见《张闻天选集》。

党走向合作之际，总结了建立民族统一战线的基本原则，规定了对国民党、南京政府的方针。张闻天肯定了刘少奇的报告，清算了过去十年来在策略上所犯的关门主义和冒险主义错误。这次会议着力引导全党冲破“左”的思想禁锢，彻底否定错误的工作指导方针，明确了新阶段白区工作的策略任务，正确地决定了具体工作的转变。

“七七”卢沟桥事变，全国抗战开始。张闻天在1937

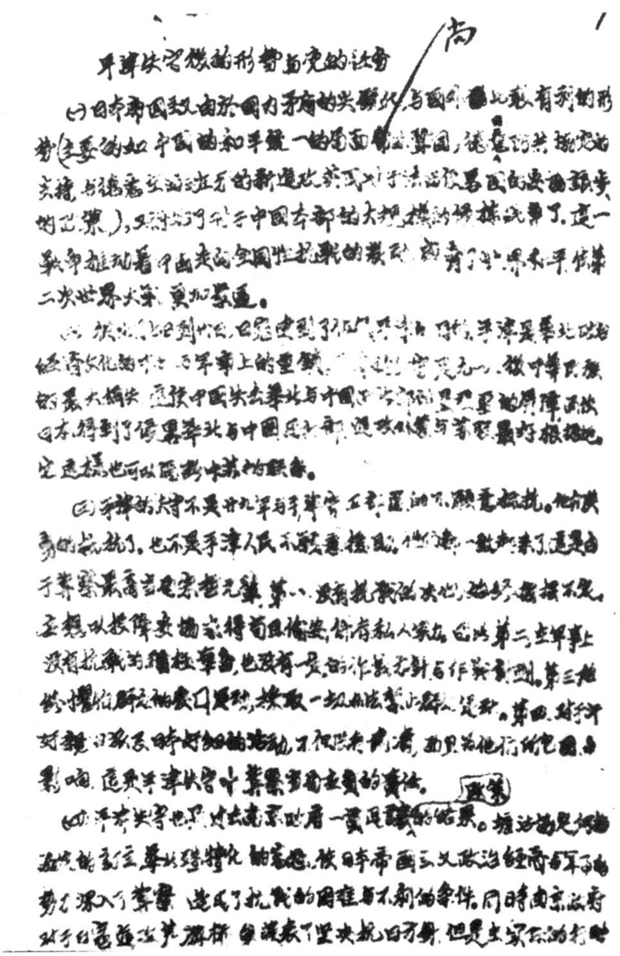

←1937年8月9日，张闻天在中共中央召集的会议上作《平津失守后的形势与党的任务》的报告。

年8月9日中共中央召集的一次会议上作《平津失守后目前政治形势与党的任务》的报告，指出目前形势的发展将从局部的应战转变为全国性的抗战，目前的主要危险是民族失败主义，并提出实现全国抗战的“八条纲领”。讨论中，他又采纳毛泽东的意见，修改成为“十大纲领”。可以说这是洛川会议通过的《抗日救国十大纲领》的草案。

在1937年8月22日至8月25日于洛川举行的中央政治局扩大会议上，张闻天发言并作关于政治形势的“补充报告”和“结论”。他赞同毛泽东报告中阐述的在统一战线中坚持无产阶级领导权，在敌后放手发动独立自主的山地游击战等重要思想；同时，在三次讲话中都论及了“持久战”的战略方针。他指出：“抗日是持久战，即使部分妥协发生也仍是持久战”。在“补充报告”中张闻天对“持久战”又作了论述。他说：“要强调持久战的问题，不因胜利而骄傲，不因失败而丧气。”“持久战，包含进攻、

↓1937年8月22日至25日，中共中央政治局在陕北洛川冯家村召开扩大会议。图为洛川会议会址。

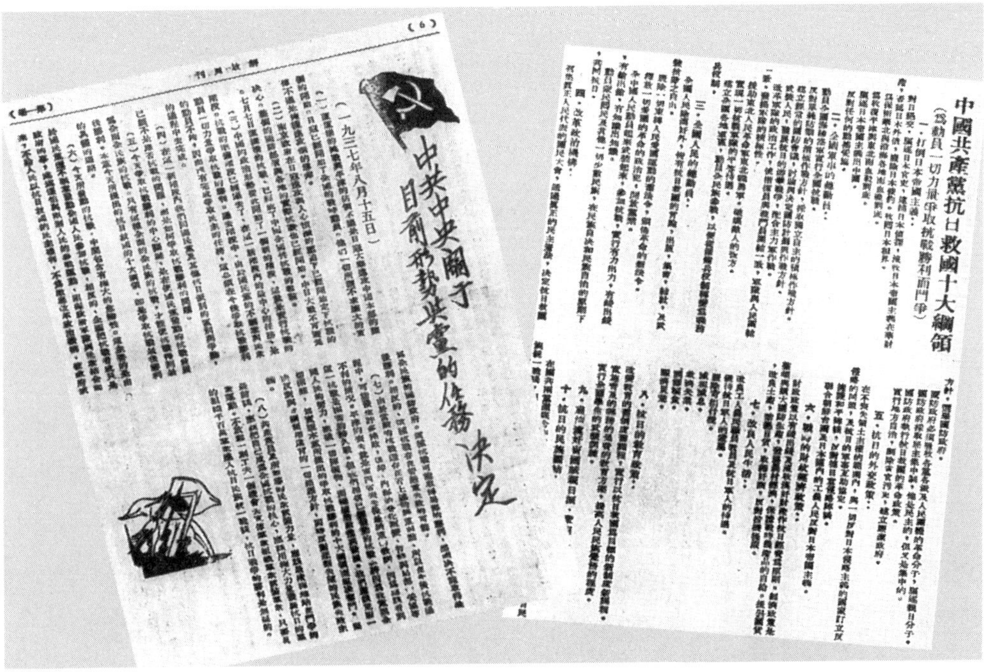
中共中央關于目前形勢與黨的任務決定

（一九三七年八月十五日）

中國共產黨抗日救國十大綱領

↑洛川会议通过的《中共中央关于目前形势与党的任务的决定》和《中国共产党抗日救国十大纲领》。

防御与退守，全面的、全民族的抗战是一个艰苦斗争的过程”，其间“可能发生挫折、失败、妥协、叛变的事件”，“战争的坚持就是有许多困难在其中”。并指出，“在此过程中，共产党必然取得领导权。”

洛川会议以后，张闻天在《解放》周刊第 17 期上发表《论抗日民族革命战争的持久性》一文。文章通过中日两国人力、物力、军事力量、国内矛盾、国际关系以及战争性质等的对比，说明日本很难实现其速战速决的战略，中国也很难在短时期内战胜日本，“中日战争谁胜谁负的问题，是不能在短时期内解决的。中日两国的战争，将带有持久的性质”，中国“必须用持久战以战胜日本”。文章指出，“抗日民族革命战争胜利的关键，是动员全中国人民参加全面的抗战”，“四万万中国人民是我们取之不尽用之不竭的伟大力量的泉源。只有依靠这一伟大力量，我们才能进行持久战，才能最后战胜日本帝国主义。”张

出席“十二月会议”的部分政治局委员合影。左起：张闻天、康生、周恩来、凯丰、王明、毛泽东、任弼时、张国焘。

闻天在《解放》周刊上还接连编发了彭德怀的《争取持久抗战胜利的先决问题》（第25期）、周恩来的《怎样进行持久抗战》（第30期）等研究和指导抗日持久战的文章。所有这些，都为持久战理论体系的形成，为毛泽东的光辉著作《论持久战》的诞生作出了一定的贡献。

1937年11月8日太原失守。在华北，以国民党为主体的正规战争基本结束，以共产党为主体的游击战争开始进入主要地位。张闻天于11月15日作《把山西成为北方游击战争的战略支点》一文①，指出山西“开始了广泛的游击战争的新阶段”，呼吁“将政府的军队的抗战彻底转变为全面的全民族的抗战”，提出“把山西成为北方游击战争的战略支点”的战略任务。

1937年11月底，王明从苏联回国。在“十二月会议”上，王明批评洛川会议过分强调独立自主。他抹煞国共两党的原则分歧，在巩固和扩大统一战线方面提出了比较系统的右倾投降主义主张。张闻天虽然一时没有看透王明鼓吹的统一战线策略的右倾实质，但是在总的路线、方针上没有动摇。他在12月12日的发言中肯定：“自西安事变以来，统一战线基本上是正确的，并获得很多成绩。”张闻天又肯定：“洛川会议的方针用一切力量争取抗战胜利是正确的。”张闻天还肯定：“洛川会议决定独立自主的山地游击战，基本上是正确（的）。”并指出：“今后红军游击战还是主要的，有利条件下进行运动战。”他还肯定：“华北工作一般路线是正确的。工作有很大的成绩，统一

① 此文发表于《解放》周刊第25期，1937年11月27日。

战线是有进步的。”对此，王明批评他没有指出中心问题是“对国共合作了解不够”。张闻天在“总的结论”中进一步明确肯定，从《八一宣言》至今“党的路线是正确的”。他特别强调，虽然我们目前主要的任务是“求得统一战线更加扩大与巩固，但并不放弃我们自己的基本原则——党的独立性。对八路军与新四军，不仅要扩大，而且要保存党的领导。我们必须扩大三五十万党能直接领导的军队，统一战线才能更有力些”。[①] 在 1938 年 2 月政治局会议上，张闻天又进一步强调，在国共合作中“存在着两党争取领导权的问题”，“要与国民党合作，但也必须时时保持戒心”，同时要“求得我党力量的巩固和扩大”。他还提出，党要用很大的力量去发展游击战争，创造许多根据地。他说：“像晋察冀边区的那种形式的政府，其他各地也要组织，也要采用这一形式。”[②] 王明到武汉后，张闻天同毛泽东一起在中央内部同王明右倾投降主义在许多具体问题上进行了必要的斗争，直到六届六中全会。

在 1938 年 9 月 29 日至 11 月 6 日召开的六届六中全会上，张闻天致“开幕词”并作组织报告——《关于抗日民族统一战线与党的组织问题》[③]。同毛泽东的政治报告《论新阶段》相呼应，张闻天的组织报告强调了同国民党又团结又斗争的方针；强调在统一战线中保持党的独立性，反对投降主义的倾向；强调独立自主地建立根据地和

① 以上引文均据会议记录。

② 《张闻天选集》，第 160 页。

③ 开幕词收入《张闻天选集》，组织报告收入《中共中央文件选集》(10)。

中共六届六中全会主席团成员合影。左起：毛泽东、彭德怀、王稼祥、张闻天、朱德、博古、王明、康生、项英、刘少奇、陈云、周恩来

民主政权，发展八路军、新四军和游击队。

在组织报告中，张闻天提出了“组织工作中国化”的方针。他说:“将外国党的决定搬到中国来用，是一定要碰钉子的。所以不仅要懂得马克思主义的原则，而且要在民族环境中来实现这些原则”。“马克思主义的原则、方法是国际性的，但我们是在中国做组织工作，一定要严格估计到中国政治、经济、文化、思想、民族习惯、道德的特点，正确认识这些特点，再来决定我们的斗争形式、组织形式、工作方法。我们要的是国际主义的内容，民族的形式。我们要使组织工作中国化。”

在谈到宣传教育工作时，张闻天又提出了“马列主义中国化”的方针。他说:“宣传马列主义，提高全国的理论水平，特别要注意于以马列主义的革命精神与革命方法去教育共产党员与革命青年，并以此去研究中国革命的实际问题，研究中国历史与中国文化的各方面。要认真的使马列主义中国化，使他为中国最广大的人民所接受。”

针对当时复杂的环境与党内的实际情况（如张国焘叛逃、王明违犯组织纪律等），张闻天提出了“提高党的警觉性”、“发展党内民主与巩固铁的纪律”、“巩固党内团结”等重要任务。六届六中全会通过了几个组织建设方面的重要文件，作为党的法规，以健全党的民主集中制，巩固党的统一和团结。

六届六中全会是一次具有重要历史作用的会议。通过这次会议，基本上克服了王明右倾投降主义错误，在抗日战争进入战略相持阶段的重要时刻，统一了全党的步调。张闻天同毛泽东配合合作，作出了应有的贡献。

主管宣传和干部教育

在王明回国后召开的十二月会议上，决定对中共中央领导机构和人员分工进行调整。张闻天是新成立的中央书记处五名书记之一。在六届六中全会之前，9月14日至26日召开了中央政治局会议，刚从莫斯科回国的王稼祥传达了共产国际指示和季米特洛夫的意见，认为在中共中央领导机关中，“要在毛泽东为首的领导下解决，领

↓1939年，张闻天在延安同部分中共中央委员在一起。右起：张闻天、毛泽东、王明、邓发、刘少奇、王稼祥、陈云。

导机关中要有亲密团结空气。”诚如毛泽东所说，“洛甫这个同志是不争权的”[①]。张闻天根据上述共产国际指示精神，即向毛泽东提出，推举毛泽东为中央总书记。当时毛泽东不主张这样做。张闻天尊重毛泽东的意见，没有坚持此议。[②]张闻天虽然没有把总书记一职让掉，但会后即主动地将工作转移给毛泽东。政治局会议的地点也转到毛泽东住处开，一切重大问题都由毛泽东定夺。不过，一段时间内会议仍然由张闻天主持。实际上，六中全会前后张闻天的主要工作就是主管宣传和干部教育了。他先后担任中共中央宣传部部长（1937 年 12 月起）、干部教育部部长（1939 年 2 月起）和两部合并后的宣传教育部部长（1940 年初），《解放》周刊主编（1937 年 5 月起）、《共产党人》编辑（1939 年 2 月起）、马列学院院长（1938 年 4 月起）、中央研究院院长（1941 年 7 月起）等职，领导理论宣传、干部教育和文化工作多年，建树良多。

张闻天主编《解放》和《共产党人》，亲自执笔撰写了大量论文，阐发、宣传马克思主义理论和党中央的路线、方针、政策，产生了广泛的影响。他的讲演《论青年的修养》、《论待人接物问题》和《略谈党与非党员群众的关系》、《提倡朴素与切实的工作作风》[③]等一组论思想品德修养和党性锻炼的文章，使延安和全国各地许多当时刚刚走进革命队伍的同志深受教益。他还亲自指导和组织

---

① 转引自王震：《杰出的马克思主义理论家和革命家——忆闻天同志》，《回忆张闻天》，第 13 页。

② 张闻天：《1943 年延安整风笔记》。

③ 以上四篇文章均收入《张闻天选集》。

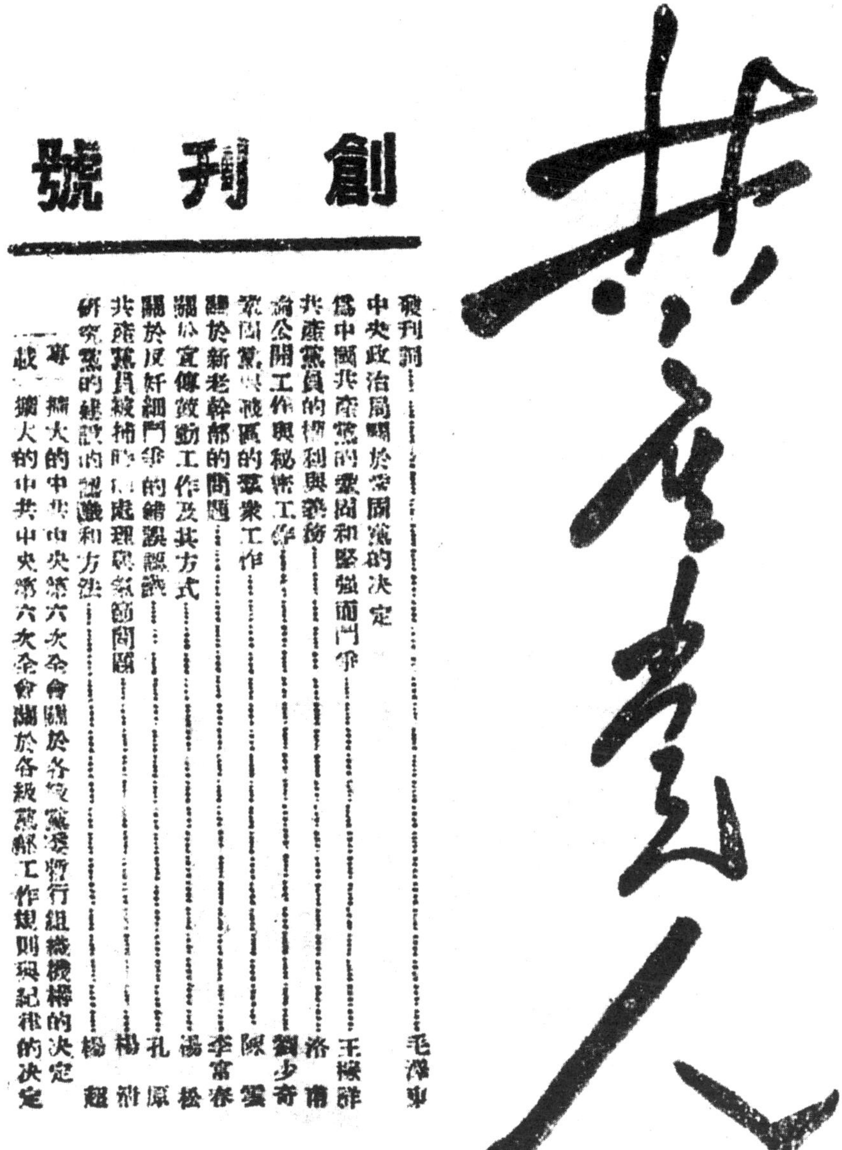

↑《共产党人》1939年10月创刊。张闻天在创刊号上发表《共产党员的权利与义务》。

力量，于 1941 年初出版了一种兼用英、俄、法三种文字的油印刊物《中国通讯》，以开展国际宣传。

他领导筹办马列学院并兼任院长，这是党在延安创建的一所攻读马列主义理论的比较正规的学校。学员一部分是前方和机关的干部，大部分是从国统区来延安的年轻的党员。按照由浅入深、由近到远、由具体到抽象、教学内容少而精的原则，头几个月学列宁主义基本问题、中国近代革命史、党的建设，后几个月学政治经济学、西方近代革命史和哲学。张闻天常主持星期六下午的课堂问答，使教学内容融会贯通。他亲自约请毛泽东、周恩来、刘少奇、朱德、陈云等同志来院作报告。从前方或大后方回延安的领导同志，也都被邀讲演。3 年间，马列学院共办了 8 个班，学员 500 多人。他们中的许多人后来一直活跃在党、政、军各级领导岗位或理论宣传战线上。确如在马列

↓延安马列学院旧址——蓝家坪。

学院学习过的李先念所说，这所学校“对提高党的理论水平作出了很大贡献，培养了一批具有马列主义基础知识的干部”①。1940年2月用中央书记处名义发的《中央关于办理党校的指示》，强调办理党校的目的是“加强对党的干部的马列主义教育”，教习的目标是“求得理论与实践的一致”，要发扬民主学风，并提倡自习为主、循序渐进的方法，就是张闻天在对马列学院办学经验总结的基础上形成的。

张闻天十分重视教材建设，认为“供给教材”是党内教育首先需要解决的问题，也是党中央与中央宣传部应负的责任。刚到陕北，张闻天就指导宣传部编写过一本简明通俗、图文并茂的《党员课本》，亲自修改定稿。他甚至还亲自组织与指导编写了一套抗日根据地小学语文课本。当然，影响最大的是他在“抗大”讲课的基础上亲自编著的《中国现代革命运动史》。这是用马克思主义观点研究和编写中国近代革命史、中共党史的开创之作之一。它从1840年鸦片战争写到1927年广州起义，内容生动具体，文笔流畅，深刻地总结了鸦片战争以来历次革命运动和重大政治事件的经验教训，讲清了近百年来中国反帝、反封建革命斗争的过程，使人们对中国革命发生、发展的原因及历史演变，对中国共产党领导的新民主主义革命的背景、性质和意义，有清晰完整的认识，对只有共产党才能救中国、才能领导资产阶级民主革命取得胜利，半殖民地半封建的中国不可能走资本主义道路的道理，有较为深

---

① 引自李先念1988年5月给马列学院建校50周年纪念会的信。

↑张闻天为1937年1月开学的中国抗日军政大学第二期第一队学员讲授《中国现代革命运动史》。图为抗大在延安的校址。

刻的理解。这本书1937年冬在延安出版以后，立即产生了很大的社会反响。上海、武汉等地都相继翻印，流传全国。从抗日战争到解放战争，根据地和解放区各种干部学校都用它作教材。到全国解放时，这本书先后出了十多个版本。

张闻天为马克思主义经典作家著作编译和重要读物的编辑倾注了大量的心血。他亲自兼任马列学院编译部主任，主持编译出版《马恩丛书》(10册）和《列宁选集》(20卷)，为广大干部提供了学习和掌握马列主义基本理论的主要著作，扩大了马列主义在中国的传播。在张闻天倡导下，延安还出版了《抗战中的中国丛刊》、《西北丛书》、《文化教育丛书》等知识读物。他还提倡读鲁迅的杂文和小说，认为这是“每个干部所必须研究的读物”。[①] 为了

① 张闻天:《提高干部学习的质量》,《张闻天选集》，第297页。

↑张闻天主持编译出版的“马恩丛书”。

让参加革命队伍的青年从鲁迅作品中得到宝贵的教益，张闻天提出并指导刘雪苇选编《鲁迅论文选集》和《鲁迅小说选集》出版。

在指导文化工作方面，张闻天作过不少报告，起草过不少政策性文件。他是首先提倡“民族化、大众化”的中央领导人之一。他认为中华民族的新文化必须是民族的、民主的、科学的、大众的。他主张“应该重视文化人，纠正党内一部分同志轻视、厌恶、猜疑文化人的落后心理”。[①] 在总结新文化运动历史经验和分析文化人特点的基础上，张闻天提出的关于发展文化运动、正确处理党同文化人和文化团体的意见，促进了文学、艺术、新闻、出版事业的发展。

总之，张闻天“在理论宣传和干部教育工作中成绩卓著”[②]，是我党历史上一位杰出的马克思主义理论家和教育家。

---

① 《张闻天选集》，第290页。

② 邓小平：《在张闻天同志追悼会上致的悼词》，1979年8月26日《人民日报》。

整风前后

1941 年 5 月，毛泽东作《改造我们的学习》报告，号召反对主观主义、教条主义。8 月，中共中央作出《关于调查研究的决定》。在 9 月中共中央政治局扩大会议

↓农村调查途中的张闻天与刘英。（刘英提供）

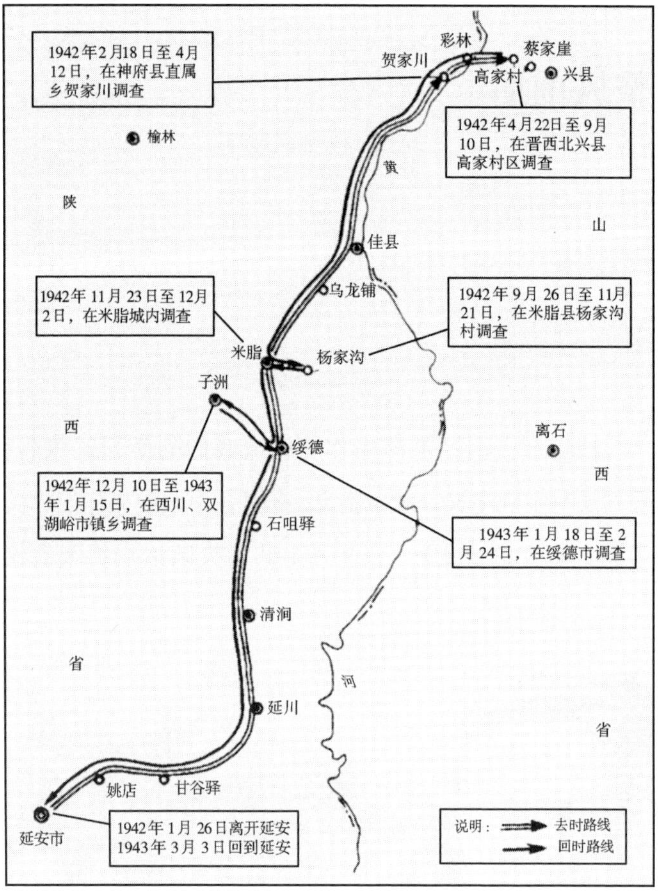

→张闻天农村调查路线图。

上，张闻天拥护毛泽东的报告，赞成清算六届四中全会以后到遵义会议以前的错误。他说，对主观主义，“要作彻底清算，不要掩盖，不要怕揭发自己的错误”；并就怎样从根本上克服主观主义提出“补课”的要求，说：“过去没有做实际工作，缺乏实际经验，现在要补课。”[①] 会议期间，他还集中研究了许多党的历史文件及毛泽东的全部著

① 《张闻天选集》，第313页。

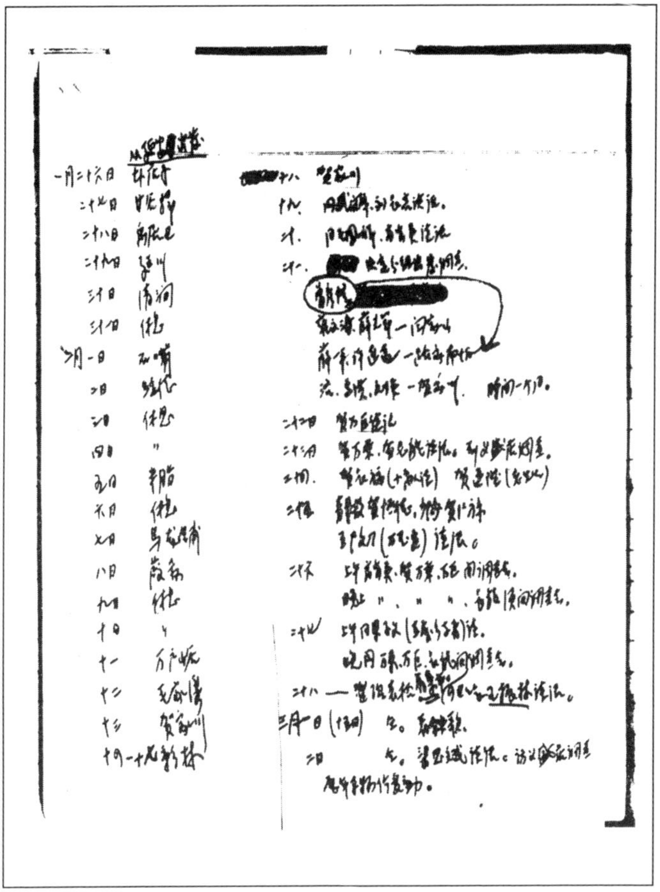

←张闻天《农村调查日记》手迹（中央档案馆提供）

作，在 9 月 29 日的会上作了系统的发言。他同意毛泽东的意见，确认土地革命后期“路线是错误的”，“政治方面是‘左’倾机会主义，策略是盲动的。军事方面是冒险主义（打大的中心城市、单纯防御等）。组织上是宗派主义……思想上是主观主义与教条主义”。[①] 他再一次诚恳检讨错误，承担责任。

① 《张闻天选集》，第 314 页。

会后，张闻天即主动要求下乡。在得到中央同意后，他亲任延安农村工作调查团团长，于 1942 年 1 月 26 日，奔赴陕北与抗日前线的晋西北根据地，以向群众学习的谦虚精神和从实际中求真知的科学态度进行农村调查。张闻天不仅主持调查会，而且挨家逐户同农民、干部促膝交谈，同各种人物谈话，一丝不苟地记录下素材、数据，并和调查团成员一起收集、核算各种历史账簿，查阅大量文字材料。经过分析和综合，他亲自或指导其他同志写出了 19 篇调查报告。可惜现在找到的只有 3 件（20 万字），其余的都在 1947 年从延安撤退时销毁了。

调查团 1942 年 2 月到达陕甘宁边区神府县。张闻天在当地最大的自然村贺家川调查，其他同志分别到另外七个自然村调查，各自整理出调查材料，然后由张闻天写成《陕甘宁边区神府县直属乡八个自然村的调查》。调查报告以充分的数据精细地记录并透辟地分析了农村生产力与生产关系的各种具体因素及其结合成的社会生产状况，认为“以后农村经济的发展，将是中农经济的继续发展”，其前提是“充分发展大多数农民的生产力”。并指出，新民主主义政治应该是“发展他们的生产，改善他们的生活的政治”。1942 年 4 月中旬，调查团渡过黄河到山西兴县，在晋西北区党委驻地碧村附近的村庄调查。张闻天亲自调查了碧村和任家湾，写成《兴县二区十四个村的土地问题研究（报告大纲）》，提出“以后土地问题的解决，除继续采取‘迫’、‘挖’的方法外，还应采取‘拉’的方法，即转变其生产方式的方法。这就是提倡资本主义式的经营，使地主（部分的富农）分散使用土地的吃租子的经

↑ 1942 年 9 月 16 日，张闻天同调查团同志在神府彩林巧遇八路军电影团，在黄河渡口合影。左起：徐羽、刘英、尚明、雍文涛、曾彦修、张闻天、马洪、许大远、薛光军。（吴本立　摄，尚明提供）

营，转为集中使用土地的雇工经营。”

离开兴县以后，张闻天在兴县调查的基础上，于 1942 年 10 月 7 日写成一篇两千字的理论文章：《发展新式资本主义》。文章简要分析兴县 2 区 14 个自然村 897 户的阶级成份，说明“资本主义生产成份在农村是很微弱的，封建的成分，即地主与农民的成份，还占优势”。张闻天指出，“封建剥削制度是落后的。资本主义生产方式，是现时比较进步的，可使社会进化的。”他对比分析了封建的和资本主义的经营方式的不同，生产力的高低也大不相同，说明资本主义的经营“对全社会更有利”。张闻天指出：“发展新式资本主义是新民主主义经济的全部方向和内容，也是将来社会主义的前提。”同时他又指出：“我们所提倡的新式资本主义，与欧美的旧资本主义不同。我们有革命政权和革命政策，调节社会各阶级关系。凡可以操纵国民生计的工商业，均握在国家手中。”在文章最后，张闻天不无针对性地得出以下结论：“中国社会将来才是社会主义和共产主义，今天则要实行新民主主义，就是新式资本主义。因为中国太落后，只有走过新式资本主义的第一步，才能走社会主义的第二步。社会主义和共产主义，是我们的理想。发展新式资本主义，是我们现时的任务，也是我们当前的具体工作。若把理想当现实，乱来一阵，会弄糟糕的。”

↓ 1942年9月16日，张闻天同调查团的同志在神府彩林谷子地边合影。左起：雍文涛、曾彦修、尚明、刘英、马洪、张闻天、薛光军、许大远、徐羽。（吴本立　摄，尚明提供）

1942年9月，调查团又西渡黄河到陕北米脂县。张闻天在杨家沟调查了马姓地主集团，完成了一份地主经济典型调查的报告——《米脂县杨家沟调查》。它以大量翔实可靠的材料，说明中国地主阶级如何以地租剥削为基础，结合高利贷和商业资本，对农民进行三位一体的残酷剥削，从而更猛烈、更大规模地兼并土地。像这样典型细致的同类性质的调查和报告，在中国是少见的。

1943年3月初，张闻天正带领调查团在陕北米脂、绥德和晋西北兴县等城镇继续作公私营工商业调查，接到中共中央要他回延安的通知。于是，他中断持续了一年两个月的调查，赶回延安。

回到延安后，张闻天写了《出发归来记》①，向中央报告一年多调查研究的体会。他认为最重要的收获在于"冲破了教条的囚笼，到广阔的、生动的、充满了光与热的、自由的天地中去翱翔"，认识到"以后有向着接触实际、联系群众的方向不断努力的必要"。他体会到，只有同实际、同群众保持经常的联系，才能把握生动活跃的、变化多端的现实生活，正确地决定我们的任务与政策。他说："一个真正唯物论者的起码态度，就是一切工作必须从客观的实际出发"；"整顿三风，对于一个共产党员是否有了实际效果"，可以拿他是否从实际出发办事这个标准加以测量。张闻天还从这次下乡调查的实践中概括出知识分子出身的党员实现自我改造的途径：首先是彻底击破阻止他

① 此篇首次公开发表于《中共党史资料》第29辑，收入《张闻天文集》第三卷。

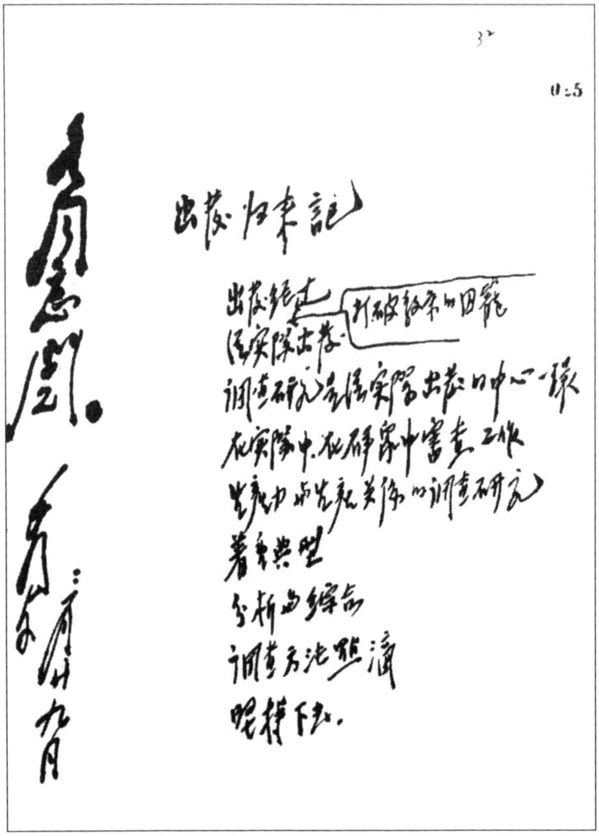

↑ 1943 年 3 月 29 日，毛泽东在张闻天《出发归来记》首页上所作的批示。

们走向实际的思想壁垒，然后是在行动上真正同实际、同群众接触起来。他认为延安一年来的整风运动已经做了第一步工作，现在必须以第二步的工作来充实。张闻天还进而指出："接触实际，联系群众，这是一个共产党员的终身事业"。这个方向没有尽头。应该朝着这个方向长期努力去做。任何共产党员，"只要他一旦脱离实际、脱离群众，他就会硬化起来，走进老布尔什维克的博物馆，做历史的陈列品。"张闻天还结合解剖自己，论证"调查研究是从实际出发的中心一环"，"'从实际出发'，首先应该是从生产力与生产关系所结合成的社会生产状况出发"，并阐述了"着重典型"、"分析与综合"的原则及调查工作的方法。《出发归来记》表明张闻天完全接受了毛泽东倡导的实事求是的思想路线，成为他思想上、理论上完全成熟的标志。他的陕北、晋西北调查的实践和《出发归来记》，为全党树立了楷模，也是反映延安整风运动伟大成果的典型。

中共中央调张闻天回延安，是为了参加三月政治局会议。这次会议通过《关于中央机构调整和精简的决定》。张闻天离开中央书记处，担任中央组织委员会成员。1943 年 10 月，张闻天参加了毛泽东领导的中央高级干部的整

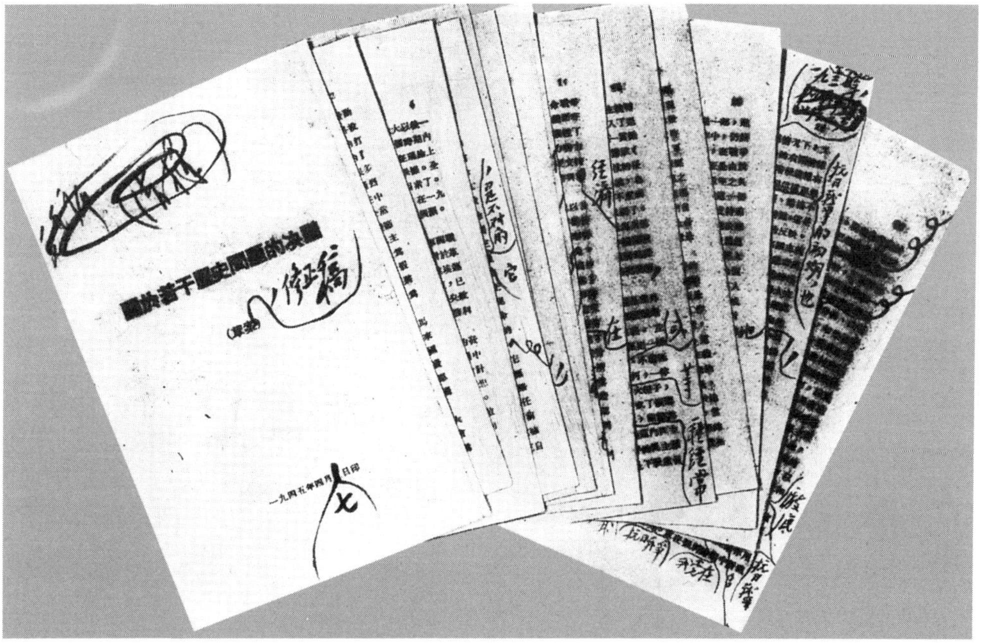

↑《关于若干历史问题的决议》1945 年 4 月 7 日修正稿。

风运动和关于党内历史上路线是非的学习讨论。通过学习和反省，他于 1943 年 12 月写成长篇“反省笔记”（后来被称为《1943 年延安整风笔记》），叙述自己的经历和思想发展，无情地解剖自己，系统地深刻地批判过去犯过的“左”倾路线错误，对曾经参与的历史事件和与此相关的同志，都负责地说明自己的看法，评价其功过是非。张闻天写好后，首先请毛泽东过目。毛泽东看后立即到张闻天的窑洞来，说：我一口气把它读完了，写得很好。[①]

1944 年 5 月起，张闻天参加中共六届七中全会。他参与总结党的历史经验的工作，是党的历史问题决议准备委员会成员。六届七中全会通过的《关于若干历史问题的决议》，是毛泽东领导下进行整风和两条路线学习的产物，是党的集体智慧的结晶。在反复修改的“决议”稿本上，留下了不少张闻天的手迹。1945 年春，毛泽东就是在张

① 访问刘英谈话（1985 年 10 月 22 日）。

↑张闻天主持中共中央政治材料室工作期间，中央政治材料室以时事资料社名义编辑的内部刊物《参考资料》。

闻天的修改稿上着笔对历史决议作修改的。

与此同时，张闻天又兼任中央政治材料室主任，主编党内《参考资料》。他确定将研究美国（特别是美国经济）和研究国民党分别作为国际问题和国内问题的重点。在这个铅印的内部刊物上，他以“记者”名义发表了《最近美国对华动向》、《十二中全会后国民党的动态》等9篇文章，为中共中央和党内高级干部及时提供了对于国内外形势与动向的有分析的材料。

在1945年4月23日至6月11日召开的中共第七次全国代表大会上，张闻天作了长篇发言，受到大会代表的欢迎。张闻天不仅又一次虚心诚恳地对自己曾经犯过的错误作了深刻的检讨，对自己三年来参加整风运动的收获和体会作了实事求是的总结，而且以切身的体验，深刻地解剖了小资产阶级的思想和作风，阐发了毛泽东代表的党的理论和实际结合、联系群众以及自我批评的三大作风，对全党三年来的整风运动给予了科学的概括与评价。在七大和七届一中全会上，他继续当选为党的中央委员会委员和中央政治局委员。

↑中共七大会场

↑中共七大主席台一角。右起：李富春、彭真、陈毅、张闻天、彭德怀。

创建合江根据地

1945年8月日本投降以后，张闻天主动要求到东北做地方工作。经中共中央批准，他于10月下旬离开延安，11月26日到达中共北满分局所在地哈尔滨。

在陈云主持下，张闻天参与起草了《对满洲工作的几点意见》，于29日和30日用陈、高（岗）、洛（甫）名义致电东北局并中央。电报对有不同认识的关于东北工作方针问题提出建议，认为我党独占东北的可能性现在是没有的，不要把全部注意力集中于三大城市，而要在东北广大城乡地区放手发动群众，在长期战争中建立巩固的根据地，最后夺取东北全局的优势。对这一建议，中共中央很快复电“完全同意”。

↓东北工作时期的张闻天。

中共中央东北局决定张闻天担任中共合江省委书记、北满分局委员。12月中旬，张闻天赴佳木斯。途中因土匪叛乱在林口受阻，遂折回牡丹

↑张闻天与刘英在宁安的住所。

江。他化名张平之，以北满分局代表的名义，到宁安县调查研究、指导工作。在短短四五个月时间里，领导了反奸清算、清剿土匪、分配土地、建立政权等工作，为把宁安县建设成一个比较巩固的根据地作出了贡献。从宁安的实践中，张闻天具体了解了东北的情况，取得了在东北建设根据地的初步经验。

1946 年 5 月中旬，张闻天到达佳木斯，就任中共合江省委书记。通过调查研究，他提出全省工作应是“一个中心，三项任务”，即以发动群众改革封建土地制度为中心，完成剿匪、生产、支前的任务。[①] 他要求抛弃一切不切实际的幻想，作长期艰苦斗争的准备。

剿匪斗争是建立合江根据地的首要任务。合江境内的土匪都是接受了国民党委任的政治顽匪。在两个中国命运

① 张闻天 1946 年 6 月 20 日在中共合江省委扩大会议上的讲话。

↑张闻天在佳木斯合江省委办公楼前。（刘英提供）

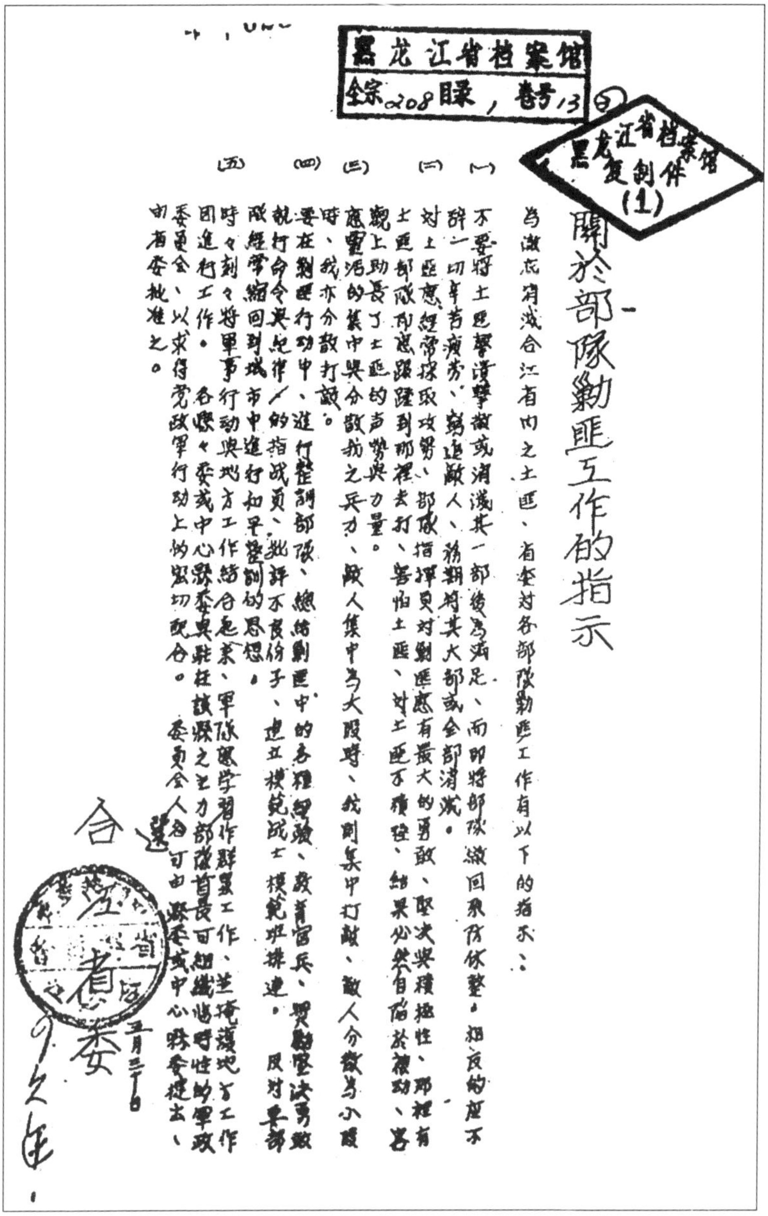

關於部隊剿匪工作的指示

为澈底消灭合江省内之土匪，省委对各部队剿匪工作有以下的指示：

（一）不要将土匪击溃或消灭其一部后即为满足，而即将部队撤回原防休整。相反的应不辞一切辛苦疲劳，穷追敌人，务期将其大部或全部消灭。

（二）对土匪应经常採取攻势，部队指挥员对剿匪应有最大的勇敢、坚决与积极性，那里有土匪部队即应跟踪到那里去打，害怕土匪、对土匪不积极，结果必然自陷於被动，客观上助长了土匪的声势与力量。

（三）应灵活的集中与分散我之兵力，敌人集中为大股时，我则集中打敌，敌人分散为小股时，我亦分散打敌。

（四）要在剿匪行动中，进行整训部队，总结剿匪中的各种经验，教育官兵，奖励坚决勇敢执行命令与纪律／作风的指战员，批评不良份子，建立模范战士、模范班排连。反对要部队经常缩回到城市中进行和平整训的思想。

（五）时时刻刻将军事行动与地方工作结合起来，军队应学习作群众工作，并掩护地方工作团进行工作。各县县委或中心县委与驻在该县之主力部队首长可组织临时性的军政委员会，以求得党政军行动上的密切配合。委员会人选可由县委或中心县委提出、由省委批准之。

合江省委
五月三十日

↑张闻天主持中共合江省委工作期间，于 1946 年 5 月作出《关于部队剿匪工作的指示》。（黑龙江省档案馆提供）

决战的形势下，张闻天指出，对土匪采取收编加委的办法是错误的，沿用抗日民族统一战线中反摩擦的“打拉政策”也是错误的。我们的剿匪方针应是消灭不是争取，是“杀头”不是“洗脸”。在战术上，他主张以穷追堵击相配合，采用猛打、猛冲、猛追的“三猛战术”，实行以毙俘匪首、消灭股匪为目标的歼灭战。合江军区司令员贺晋年执行了张闻天制定的清剿方针与战术，率领部队在林海雪原中战斗，前后不到5个月，基本上消灭了匪患。

↓张闻天在桦川县会龙山蹲点时住过的农舍。

土地改革是建设根据地的中心任务。在这一场翻天覆地的斗争中，张闻天深入实际，亲自蹲点，注重调查研

究，广泛发动群众，稳健地掌握政策，使合江土改避免了“左”右摇摆。1946年冬，他在桦川县会龙山屯蹲点，发现“反奸清算”不彻底，假分地、瞒黑地、转移浮财等各处都有。他向陈云汇报以后，即提出重新广泛发动群众，煮熟“夹生饭”，消灭“半生不熟”地区的任务。全国土地会议以后，1947年冬曾刮起一股“扫堂子”风，即让地主、富农净身出户，把他们的财物都挖出来分掉。合江有些干部责问省委为何不发动“扫堂子”，甚至埋怨省委“右倾”。张闻天坚决顶住了这一“左”的做法。这时又有部分地区发生平分中农财产、侵犯中农利益的情况，张闻天知道后连夜采取措施，坚决予以制止。农民在发动起来平分地主土地与浮财的同时，还要到城镇挖浮财和平分地主兼营的工商业。张闻天得悉后，立即召开城乡干部会议，指出进城“挖浮财”的做法是同党的保护工商业的政策相违背的，对发展生产、繁荣经济、支援前线与满足农民本身的需要都是不利的。统一认识后，省委发布了张闻天起草的《在平分土地运动中保护城市工商业》的指示[①]，严禁农民随便进城抓人、捕人和起浮财。在张闻天正确领导下，合江土改于1948年春基本结束。张闻天又及时提出从平分土地运动转入生产运动。

在城市工作中，张闻天同样注重调查研究，从实际出发，制定和执行正确的工商业政策。在领导城市开展反奸清算斗争后，张闻天指示各地适时地把注意力转到工商业的恢复与繁荣上去。1946年11月7日，合江省委通过张

---

① 此件收入《张闻天选集》。

闻天起草的《发展工商业的若干政策问题》的决议[①]，提出“为繁荣工商业、改善人民生活、支持长期战争，必须承认，大量的吸收私人资本，发展私人资本主义，是非常重要的任务”。这一“决议”正确处理了贸易、税收、信贷、物价和劳资关系等问题，并规定了一系列有利于恢复和发展私营工商业的具体政策。在张闻天领导下，合江省在发展国营和公营经济的同时，私营工商业也得到迅速的恢复和发展。

张闻天在领导合江工作的复杂斗争中，表现了实事求是的科学态度和无私无畏地坚持真理的崇高品德。仅仅两年时间，就团结干部，发动群众，把一个政治混乱、土匪猖獗、经济凋敝、民不聊生的合江省，建设成为东北的一个巩固的战略后方，以人力、物力、财力有力地支援了东北的解放战争。张闻天在领导剿匪、土改、生产、发展工商业等工作中从实际出发规定的正确政策，多次得到中共中央和东北局的肯定评价和赞扬。

① 此件收入《张闻天选集》。

探索经济建设基本方针

1948 年 5 月，张闻天调任中共中央东北局常委兼组织部部长。1948 年春，张闻天就提出地方党的工作重心应转移到恢复和发展工农业生产上来，要将生产、支前作为两大中心环节来抓。他思考的重点已经是新民主主义革命胜利后如何进行经济建设的问题了。他到哈尔滨就任新职以后，在 7 月 18 日各县组织、宣传部长联席会议上的报告中，就分析了“新民主主义的经济形式”为国家经济（或叫公营经济）、国家资本主义经济、私人资本主义经济、小商品经济、合作经济，指出了农村经济发展的合作化方向。8 月 31 日，张闻天在东北城市工作会议上作总结发言，指出当前形势下，党的工作重心应由农村转入城市，因为城市代表更高的生产力，代表工业、技术、科学与文化，代表最先进的工人阶级。他还说明“城市领导乡村”的实质就是“工业领导农业”，“工人阶级领导农民”。他分析了城市的阶级关系和经济结构，提出党在城市工作中的政治路线是：依靠被压迫被剥削的无产阶级及半无产阶级，团结独立劳动者和知识分子，联合中、小资本家，反对和打倒封建地主、官僚资产阶级及其代理人。[①]

在上述报告与总结的基础上，张闻天在1948年9月为中共中央东北局起草了《关于东北经济构成及经济建设基本方针的提纲》[②]（以下简称《经济提纲》）。指出“东北经济在彻底消灭封建主义、官僚资本主义及取消帝国主义在东北的经济特权以后，基本上是由五种经济成分所构成，这就是国营经济、合作社经济、国家资本主义经济、私人资本主义经济、小商品经济”。《经济提纲》具体分析了这五种经济成分的性质、地位、发展方向及其相互关系，阐明无产阶级领导的新民主主义国家对各种经济应该采取的政策，并提出东北经济建设中的阶级路线：“以发展国营经济为主体，普遍地发展并紧紧地依靠群众的合作社经济，扶助与改造小商品经济，容许与鼓励有利于国计民生的私人资本主义经济，尤其是国家资本主义经济，防止与反对商品的资本主义经济所固有的投机性和破坏性，禁止与打击一切有害于国计民生的投机操纵的经营。”这个《经济提纲》立即受到党中央的高度重视。毛泽东肯定这个《经济提纲》，说问题提得很好，内容正确。[③]《经济提纲》经刘少奇、毛泽东先后作了修改于11月印发征求意见，准备改定后转发全党，进行教育，并作为各解放区

---

① 《城市的地位和城市工作中的阶级路线》（1948年8月31日），收入《张闻天选集》。

② 此件收入《张闻天选集》。

③ 1949年9月3日中共中央东北局常委会发言记录（系发言人转述）；薄一波：《若干重大决策与事件的回顾》（上卷），中共中央党校出版社1991年版，第23页。

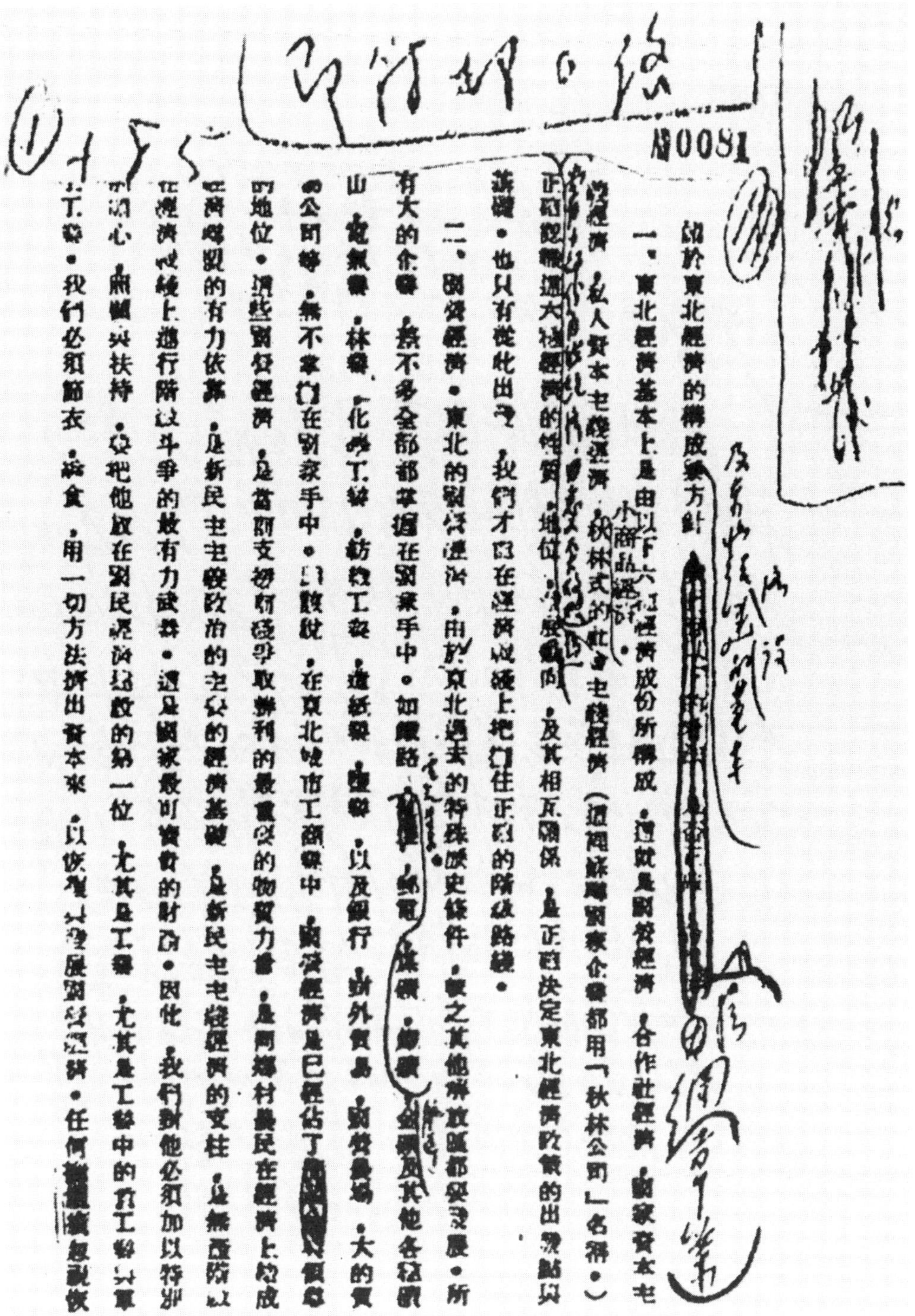

關於東北經濟的構成與方針

一、東北經濟基本上是由以下六種經濟成份所構成，這就是國營經濟，合作社經濟，國家資本主義經濟，私人資本主義經濟，小商品經濟，秋林式的社會主義經濟（這個蘇聯國家企業都用「秋林公司」名稱。）正確認識這六種經濟的性質，地位，發展趨向，及其相互關係，是正確決定東北經濟政策的出發點與基礎。也只有從此出發，我們才能在經濟戰線上把握住正確的階級路線。

二、國營經濟。東北的國營經濟，由於東北過去的特殊歷史條件，較之其他解放區都更發展。所有大的企業，差不多全部都掌握在國家手中。如鐵路，郵電，煤礦，鐵礦，金礦及其他各種礦山，電氣業，林業，化學工業，紡織工業，造紙業，糖業，以及銀行，對外貿易，國營商場，大的貿易公司等，無不掌握在國家手中。以數說，在東北城市工商業中，國營經濟是已經佔了[illegible]優勢的地位。這些國營經濟，是當前支援前線爭取勝利的最重要的物質力量，是團結鄉村農民在經濟上的構成經濟聯盟的有力依靠，是新民主主義政治的主要的經濟基礎，是新民主主義經濟的支柱，是無產階級在經濟戰線上進行階級鬥爭的最有力武器。這是國家最可寶貴的財富。因此，我們對他必須加以特別的關心，照顧與扶持，要把他放在國民經濟的第一位。尤其是工業，尤其是工業中的重工業與軍事工業。我們必須節衣縮食，用一切方法擠出資本來，以恢復與發展國營經濟。任何輕視或忽視……

↑张闻天修改定稿的《经济提纲》

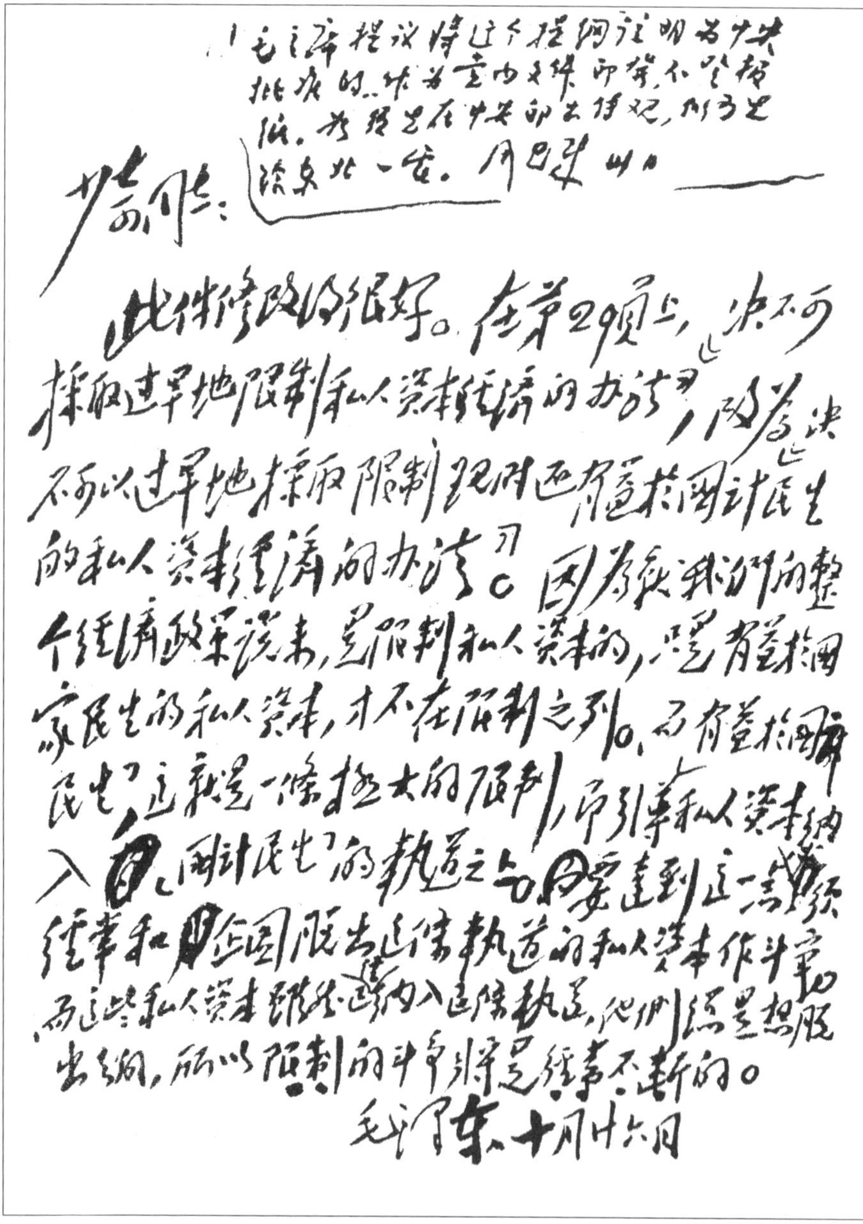

毛主席提议将这个提纲注明为中央批准的，作为党内文件印发，不公开发表。我赞成在中央部长传达，附另送请东北一份。周恩来 廿八

少奇同志：

此件修改得很好。在第29页上，"决不可采取过早地限制私人资本经济的办法"，改为"决不可以过早地采取限制现时还有益于国计民生的私人资本经济的办法"。因为按我们的整个经济政策说来，是限制私人资本的，只是有益于国家民生的私人资本，才不在限制之列。而"有益于国计民生"，这就是一条极大的限制，即引导私人资本纳入"国计民生"的轨道之上。要达到这一点，必须经常和企图跳出这条轨道的私人资本作斗争，而这些私人资本虽然纳入这条轨道，他们总是想跳出去的，所以限制的斗争将是经常不断的。

毛泽东 十月廿六日

↑毛泽东致刘少奇的信和周恩来的批语。

↑张闻天1950年2月3日在辽东人代会作报告。

经济建设的方针。[①] 在1949年1月8日的政治局会议上，毛泽东在论述经济建设方针时就采用了张闻天对五种经济成分的概括。[②] 在不久后召开的中共七届二中全会上，《经济提纲》中的思想被吸收到毛泽东的报告和会议的文件中去。

1948年12月，张闻天改任东北财经委员会副主任。他继续深入进行调查研究，进一步从不同角度丰富和深化了对各种经济成分及其发展趋势的认识，对正确执行经济建设方针提供了新的依据。1949年5月他到安东（今丹东）担任中共辽东省委书记后，又主持起草了有关经济建

① 中共中央给东北局的电报（1948年11月6日），《文献和研究》1983年第1期。

② 参见薄一波：《若干重大决策与事件的回顾》（上卷），中共中央党校出版社1991年版，第24页。

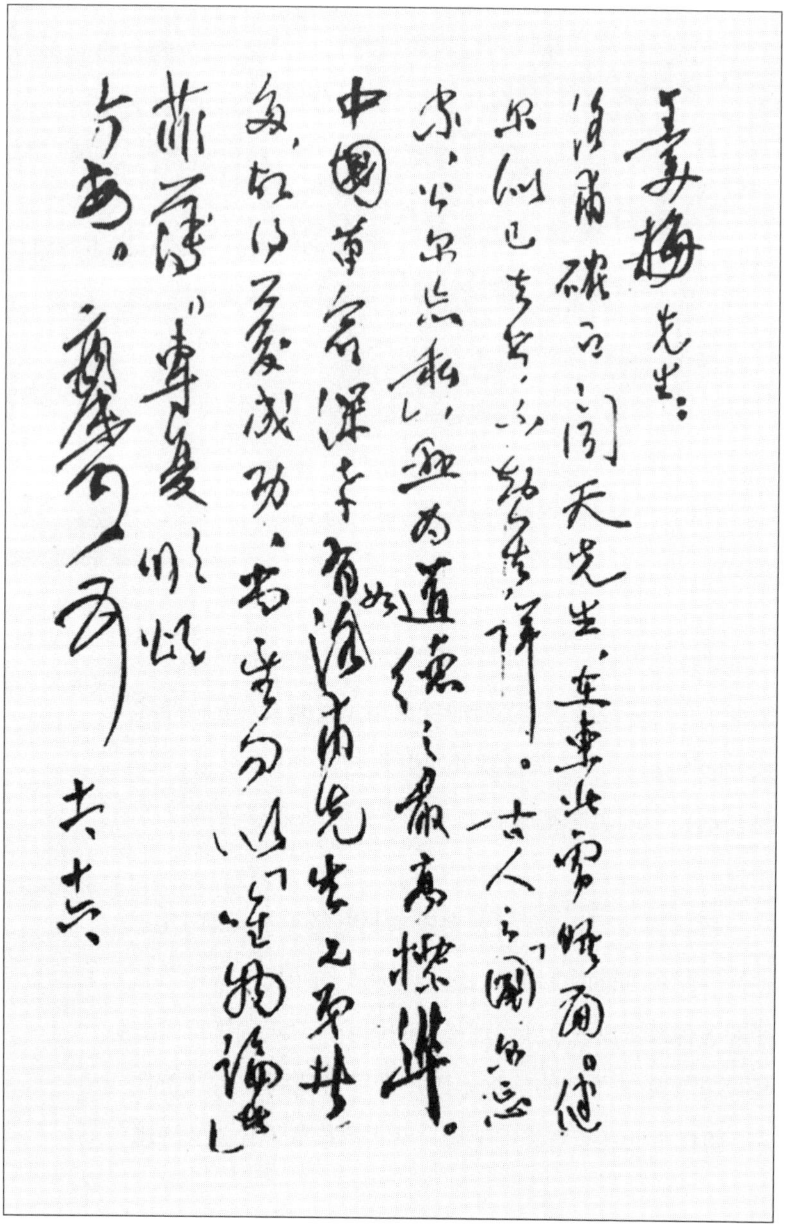

夔梅先生：

得前函，云闻天先生在东北前线，健

康似已[illegible]，不能详。古人云"国而忘

家，公而忘私"，亦为道德之最高标准。

中国革命深幸有如闻天先生之献

身，故得以成功。尚望勿以"唯物论"

菲薄"专美"则幸

为要。郭沫若 十一月十六

↑郭沫若给张夔梅回信。（1948 年 11 月 16 日，张夔梅提供）

↑张闻天任辽东省委书记期间与在安东工作的部分同志合影。左起：张闻天、刘子载、徐达深、吴仲廉、邓力群、刘英、王楷、边章五。（刘英提供）

设方针和做法的一些决定。从1948年12月至1949年7月，他先后就供销合作社的方针、土改后农村经济发展的方向和对待私人资本主义的政策等问题，向党中央和东北局写了四个文件[①]，对东北经济工作中的各种矛盾进行了科学的分析，提出了许多有见地的政策建议。如：发展合作社的道路，应该是从供销到生产，经过供销合作发展到生产合作；合作社应为群众服务和盈利，利润的一部分应该按股分红；农村生产合作必须坚持自愿两利原则，采取多种形式，“不能千篇一律硬搬硬套”，“不能主观地任意提高”；

① 这四个文件是：《关于发展农村供销合作社问题》（1948年12月22日）、《关于农村供销合作社赢利分红等问题的意见》（1949年4月24日）、《关于农村工作的三个问题》（1949年5月）、《关于东北私人资本主义的报告》（1949年7月19日），均收入《张闻天选集》。

应该允许少数新富农的存在和某种程度的发展，但农村党员应该为合作化事业奋斗，不能当新富农；在对待私人资本主义的政策方面，应该根据实际出现的偏差，及时克服右的或“左”的偏向，等等。

对于张闻天的创见和他所支持的新生事物，中共中央大多是赞同的。但对某些具体做法意见也不尽一致，如供销社实行赢利分红，有的同志就认为是资本主义性质的。一直争论到七届二中全会，毛泽东当面表态支持张闻天的意见，才告终了。

实践证明，张闻天起草的《经济提纲》以及后来写的一系列有关文件是对马列主义、毛泽东思想理论宝库的重要贡献。

驻苏大使

1950 年 1 月，张闻天被任命为中华人民共和国出席联合国和安理会首席代表，于 2 月中旬离开安东赴北京。后因美国等阻挠，我国在联合国的合法席位未能及时恢复，中央乃改派张闻天为驻苏联特命全权大使，于 1951 年 4 月到任。

↓ 1950 年 1 月 19 日，张闻天被任命为中华人民共和国出席联合国首席代表。

人民日報

一九五〇年一月二十日 星期五

本報啟事

兵工參考書出版了！

槍砲構造及理論

軍工部印刷廠

周外長照會聯合國

我已任命張聞天爲出席聯合國首席代表

要求羅慕洛、賴伊速覆：何時開除殘匪非法代表，我國代表團何時可出席聯合國會議並參加工作。

張聞天簡歷

感謝蘇聯支持我要求 反對美帝集團的陰謀

中國民主同盟主席 張瀾發表談話

顯明的對比 郭沫若

京市各界人民興奮鼓舞 擁護收回外國兵營地產

龍雲抵京

保護華僑正當權益

周外長抗議

张闻天就任驻苏大使后，即对使馆进行思想整顿，建立政治学习制度，统一认识，增强团结。在此基础上，大胆改进使馆工作，进行组织建设与业务建设，使整个使馆井然有序。他提出研究驻在国情况和国际关系是驻外使馆的一项根本任务，立即建立研究室，写出很多有价值的书面报告，开了大使馆设研究室和大使亲自领导调研工作的先河，使大使馆真正发挥党和国家耳目的作用。1951 年四五月份朝鲜战场上第五次战役正激烈进行之际，张闻天分析了整个世界格局和交战双方经反复较量大体相持在三八线上的现实，看出“美国当局在目前有在三八线求得

↓ 1950 年 2 月 13 日，张闻天离开安东赴北京从事新中国外交工作。左一为张闻天，右四为刘英，右二为徐达深。（刘英提供）

↑ 1951 年 4 月 13 日，张闻天离京赴苏联就任。图为他同送行同志挥手告别。

↑ 1951年4月18日，张闻天（右二）向苏联最高苏维埃主席团主席什维尔尼克（左二）递交国书后合影。（中华人民共和国驻苏联大使馆提供）

停战的趋向”，便指导研究室写出调研报告[①]，及时送回国内，建议中央领导作好谈判准备，受到周恩来和外交部赞扬。1953年3月斯大林逝世以后不久，张闻天就注意到了苏联党内开始提出反对个人崇拜问题，指导驻苏使馆研究室连续向国内有关部门报送多篇调研报告。1953年12月的两份报告，着重介绍了7月以后苏联反对党的宣传中的个人崇拜，揭露社会科学和文学艺术中个人崇拜的表现，从理论上批判个人崇拜，强调人民群众的决定作用和党的领导，以及苏共十九大以后苏联宣传工作中反对教条主义等情况。1954年3月的一份报告较有分析地介绍了一年来苏联宣传中对于斯大林提法的一些改变，提

① 题为《关于朝鲜停战的和谈问题》（1951年6月20日），打印稿，存外交部档案馆。

↑ 1951 年 4 月出任驻苏大使时与夫人刘英合影。

↑出席中苏公报签字仪式。签字者为周恩来。周恩来身后为斯大林。斯大林右侧为李富春、张闻天，左侧为马林科夫。

出这种改变从 1953 年 4 月起已露端倪，至 7 月后十分明显。毛泽东对张闻天报告中央的上述材料十分重视，认为“都是重要文件”，于 1954 年 4 月 28 日告刘少奇将这些材料“作为内部文件，印发给在京及各地的中委、候补中委”。[①] 据统计，在 1953—1954 年两年内从莫斯科发回国内的有关这方面的材料，共有 25 篇，大部分转载刊登于内部刊物。

张闻天在驻苏大使任内的主要工作，是根据中央当时方针，发展中苏经济贸易关系和科技合作关系，为国内经济建设服务。集中力量搞好苏联帮助设计和建设的“156 项工程”，以建立中国工业化的初步基础，是第一个五年计划的基本任务之一。张闻天为之倾注了心血。周恩来、陈云、李富春是“156 项工程”总的主持人，张闻天则是在苏联具体落实的主要负责人。他以大使身份参加了与苏方进行的有关“156 项工程”的谈判。为了加强组织领导，经他建议，加强了驻苏使馆商务参赞处的领导力量，国内冶金、机械、采矿、电力等各有关工业部门派重要技

① 《建国以来毛泽东文稿》第 4 册，中央文献出版社 1990 年版，第 254 页。

↑ 1951 年 10 月张闻天和夫人刘英同中苏两国电影艺术家合影。前排坐者右四为张闻天，右三为刘英，左二为于伶。（于伶提供）

术负责干部作为各该部的总订货人也参加商参处工作，并同各部派出的专家组成订货小组，同苏方相应部门进行对口谈判。确定项目后，从初步设计到技术设计及施工图，从工厂规模、选址到未来发展以至工艺流程等等都要商谈。各个项目谈判的情况，实施过程中出现的问题，张闻天都亲自过问，有的直接处理，重要的向中央请示或提出建议。1952 年 6 月，中国航空工业将步入自己制造飞机的阶段。张闻天建议中央“应采取现代化的生产方式大规模地建设飞机制造工业”的方针，并提出飞机制造厂设计的两种办法，请中央及早确定。[①]1953 年底，张闻天发现在委托苏方设计我国项目时，我方存在着不能如期提交设

① 1952 年 6 月 24 日张闻天给周恩来等的两份电报，存外交部档案馆。

↑张闻天和刘英与驻苏使馆工作人员到列宁格勒看望中国留学生时合影。左起：张闻天、何方、刘英、宋以敏、鄢仪贞。

计任务书和设计资料的突出问题，便立即于1954年初向国家计委负责人并周恩来、毛泽东发出“特急”电报，详述情况，指出：“这种情况很可能造成设计工作的普遍延期”，“如不尽速采取有效措施，将会影响到我国五年计划的完成”，郑重建议国内“加以催促”。①

对于国内经济建设基本方针问题的研究，张闻天花了很多精力，提出了重要建议。1952年1月16日，他给党中央、毛泽东写信，提出实行中国工业化要以“稳步前进”为指导思想，说明如果离开中国现有的各种条件而要加速工业化“是一种急性病”。信中指出，要“把我国工业化的基础放在现代化重工业之最新的科学技术的成就的

---

① 张闻天致国家计委负责人并报周恩来、毛泽东电（1954年1月5日），存外交部档案馆。

水准之上”，“一开始就真正建立起最新式的、最进步的、最现代化的工厂之工厂”。并说，看起来这样做需要较长的时间，实际上“是中国工业化的真正捷径”。他在信中还提出许多具体建议。关于钢铁工业的布局，他提出要在进一步建设东北钢铁中心的同时，“立即在西北开始建立第二个钢铁中心，并准备在西南和中原方面建设第三个钢铁中心”。关于如何把自力更生同取得外援“正确结合起来”方面，他根据当时中国的条件，主张轻工业工厂的建设和各种日用的机器与工具的生产，“应当尽量自力更生，自己设计，自己生产”，而现代化重工业项目的建设，则要取得苏联的援助。[①] 周恩来接读张闻天此信后，立即将信送毛泽东和党中央领导同志传阅，并在2月8日电复张闻天，说来信“所提的实现中国工业化的方针及许多具体意见都是很好的，我们正在为此方向努力”。[②]1953年初，张闻天同李富春、叶季壮、李强等一起，认真研究了当年中苏贸易总货单，联名向毛泽东、周恩来和陈云等写了详细报告。[③] 报告反映了在谈判中苏方的意见，对“一五”计划的建设方针提出了重要建议。张闻天、李富春等认为，按照我国确定的“稳步前进”的方针，我们正在讨论、编制中的“一五”计划“发展速度太快”，“要注意成比例地发展，不可跳跃过大”，这才符合经济发展的规律性。

---

① 张闻天致中共中央、毛泽东信（1952年1月16日），存外交部档案馆。

② 《张闻天》（图册），第209图。

③ 张闻天等1953年2月13日的报告，存外交部档案馆。

↑张闻天与陈云。（1954 年）

1954 年是新中国成立后 5 年间外交工作最为活跃的一年。4 月，张闻天在驻苏大使任上被任命为外交部副部长，他的工作逐步从中苏关系转向整个国际交往。在这一年里，张闻天除1月28日回国参加中共七届四中全会（他

↑ 1954 年 1 月 28 日，张闻天回国出席 2 月 6 日至 10 日中共中央在北京召开的七届四中全会。图为中共七届四中全会出席者合影。前排右起：彭真、吴玉章、彭德怀、张闻天、陈云、朱德、刘少奇、周恩来、董必武、高岗、徐特立。

↑ 1954 年 4 月，出席日内瓦会议的中国代表团在会场上。前排左二为周恩来，左三为张闻天，左一为李克农。右二为越南民主共和国代表团团长范文同。

↑中国代表团同志在驻地树荫下交谈。中坐者右起：张闻天、王炳南、师哲、周恩来。

在会后召开的座谈会上发言，揭露与批判了高岗在东北和调中央后的错误），9月在北京出席第一届全国人民代表大会第一次会议（他当选为全国人大常委会委员）以外，可说是整年活跃在我国外交战线上。4月至7月，张闻天作为中国代表团副团长，随同周恩来出席了讨论和平解决朝鲜问题和恢复印度支那和平问题的日内瓦会议。这实际上是新中国成立后第一次以五大国之一的身份参加国际会议。日内瓦会议结束后，他又随周恩来到民主德国、波兰、苏联访问。11月，张闻天受中国政府委派，以观察员身份出席了11月29日至12月2日在莫斯科举行的讨论保障欧洲和平和安全的欧洲国家会议。11月至12月间，张闻天还受命代表中国政府同南斯拉夫驻苏大使进行了建交谈判，通过谈判于12月中旬顺利达成中南建交协议。

在外交部

1955 年 1 月 19 日，张闻天从莫斯科离任回国，担任外交部常务副部长，先后协助兼任外长的周恩来和其后担任外长的陈毅工作。

张闻天主持部务以后，作了一个《加强调查研究，提

↓ 1955 年 1 月 2 日，中南两国建立外交关系。图为 6 月 30 日南斯拉夫首任驻华大使波波维奇（左五）向毛泽东主席递交国书后合影。

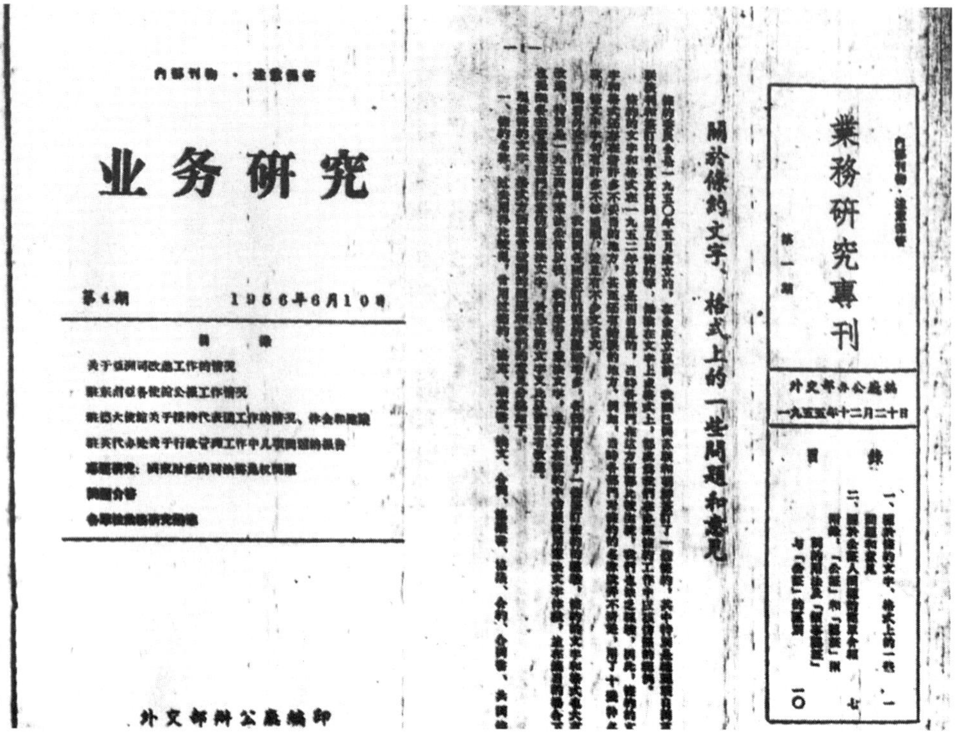

↑张闻天主持外交部部务工作后，倡导出版的内部刊物《业务研究》和《业务研究专刊》。

高业务水平》的报告，① 号召全体干部钻研业务，加强形势和政策研究，以便更好地执行中央的对外政策。外交部加强了专管形势政策调查研究的机构，各有关司也相继设立了综合小组。他经常主持或参与主持外交部的形势讨论会、“务虚会”，倡议实行形势通报制度，倡议出版交流调研成果的内刊和促进学术交流的杂志，使外交部和各驻外使馆调查研究蔚然成风。为了推动新中国的国际问题研究，他主持筹建了国际关系研究所，筹办了外交学院，还同有关部门商量，恢复和加强了世界知识出版社。他原来计划创办一座国际关系的专业图书馆，可惜未能如愿。外交部对驻外使馆的领导，也在他的主持下进行了切实的改

① 这个报告的部分内容以《努力提高业务水平》为题收入《张闻天选集》。

↑ 1955 年 8 月，张闻天与刘英在北戴河海滨。

↓ 1956 年 10 月 4 日，张闻天同毛泽东、周恩来、宋庆龄、陈毅在中南海。

进。1951 年，他在驻苏大使任上曾巡视过我国驻东欧六国使馆。他体会到巡视考察是对驻外使馆实行具体领导的有效办法，也是外交战线领导干部把调查研究与指导工作结合起来的好形式。他到外交部后继续运用这种办法，并加以发展，将巡视使馆与使节会议联系起来。1956 年 3 月，张闻天在北京主持了第二次使节会议，总结了新中国外交工作的经验，并就“执行我国和平外交政策”以及亚洲各使馆的“调查研究工作”、“交际工作”，形成了三个指导性的文件。1957 年 3 月至 7 月，张闻天用近 4 个月时间巡视了我国驻印度、巴基斯坦、印尼、缅甸 4 国使馆和驻孟买、雅加达两个领事馆，针对这些使领馆面对的驻在国复杂的政治、经济情况，提出了许多富有远见的、指导性的意见。1958 年 7 月，张闻天在布拉格主持了我国驻欧洲及埃及等 16 国使节会议。会议前后，他视察了驻波兰、匈牙利、民主德国、瑞典和苏联五国使馆。他认为巡视使馆可以“了解情况，联系群众。这比写官样文章好得多”。[①] 将使节会议与巡视使馆相联系的方法，可说是张闻天在改进外交部对驻外使领馆领导方法方面的一个创造。

以理论家而为外交家的张闻天，在国际问题研究中，不唯上，不唯书，从客观实际出发，坚持独立思考，勇于发表科学的创见和新颖的建议。他既注重当前国际形势发展动向的研究，又很重视对国际关系和外国的系统研究，特别是战略性问题的研究。他的不少见解为中央赞许和采

---

① 张闻天对驻匈牙利使馆全体人员的讲话（1958 年 6 月 29 日），存外交部档案馆。

↑ 1958 年 7 月，张闻天主持中国驻欧洲国家和阿联使节会议同与会同志合影。

纳，许多论断为国际关系的发展所证实。

张闻天多次指出，和平与战争问题，是世界政治的根本问题。在谈到战争问题时，他总是把战争与和平联系在一起，而不是把战争与革命联系在一起。在他看来，战后的世界没有出现世界社会主义革命形势，在相当一个时期里世界革命还不可能提到日程上来。他深刻地分析战后国际形势的变化和当时国际间力量的对比，认为在总的和缓趋向中，局部战争仍然存在，新的世界大战有可能避免，可以为我国社会主义建设争得相当长时间的和平国际环境。①1954 年周恩来代表我国与印度、缅甸倡导了和平共处五项原则，张闻天在此后许多不同场合作了深刻的阐述、发挥。他指出，社会主义国家同资本主义国家之间的和平共处是不可避免的。和平共处五项原则是我国和平外

① 据张闻天 1956 年 2 月 21 日在外交部部务会议上的发言和 1956 年 8 月的文稿《论和平共处》。

交政策的基本原则，而不是一时的策略措施，倡导和恪守五项原则是我国坚定不移的、长期不变的国策。[①]他还提出和平共处五项原则不仅适用于社会制度不同的国家，而且适用于社会制度相同的国家。他就社会主义体系中各国关系作出解释说，这是因为每一个社会主义国家“都是独立和主权国家，独立自主的执行着自己的对内和对外政策，解决着自己革命和建设中的问题”，而且每个国家有它的许多特点，同其他社会主义国家之间“有着各种差别性”，因此，在它们之间，“同样地也不容许把一个国家的意志强加于另一个国家”。[②]1956 年 3 月，张闻天为提供外交使节会议讨论写了一个文件《关于执行我国和平外交政策中的一些问题》[③]，将新中国外交工作的经验总结为 12 条，全面、深刻地阐述和发挥了和平共处五项原则，至今仍是指导外交工作的重要文献。

怎样认识和对待民族主义国家，是 20 世纪 50 年代中国外交的一个重大问题。张闻天指出，“反对殖民主义，走民族独立、和平中立和发展经济的道路，已经成为亚非各国的普遍要求，成为亚非当前形势发展的总趋势”。[④]应该看到，由于各种历史条件，这些国家在民族解放运动中和国家独立后，“民族资产阶级已经居于领导地位，并且执行着民族改良主义和和平中立的政策”；同时在当前

---

① 《论和平共处》，第 16 页。

② 《论和平共处》，第 25—26 页。

③ 此件收入《张闻天选集》。

④ 张闻天：《关于国际形势和外交工作中若干问题的报告大纲》(1956 年 3 月)，第 16 页。

↑ 1959 年 4 月，张闻天在华沙参观。左一为萧扬。（中国驻波兰大使馆提供）

的历史条件下，这些国家的工人阶级一般的还不大可能在短期内树立起政治上的领导，因而难以在短期内经过人民革命胜利的道路而进入社会主义；“因此在相当长的时期内，民族资产阶级还有它的重要作用，民族改良主义还有它一定的发展前途。”[①] 因此，我们对亚非国家的基本方针是，“同一切亚非国家加强或建立友好关系，在平等互利的条件下发展同它们的经济合作和文化关系；同情和支持亚非国家和人民的反对殖民主义，要求民族独立，发展经济，实行工业化的愿望和它们为此所进行的斗争。”张闻天还特别强调，“要贯彻执行这一方针，就必须支持这些国家的民族资产阶级及其代表人物（其他阶级的民族主义

① 张闻天：《关于国际形势和外交工作中若干问题的报告大纲》(1956 年 3 月)，第 27 页。

者也包括在内）。”[①]他还有针对性地指出，“革命决不能输出”[②]，“不应当企图把它们拉到社会主义阵营中来”，“要向它们证明，我们并不想挖它们的墙角。”[③]历史已经证明，张闻天对民族独立国家发展趋势的分析及政策主张是正确的。

张闻天非常强调外交工作要实事求是，一切从实际出发，“要使主观的需要和客观的可能结合起来”。[④]他反复提倡“勤俭办外交”的原则，反复强调首先要把国内的事情办好，对外经济技术援助，“要搞一点”，但要“量力而行”。[⑤]张闻天在外交战线10年的实践活动，生动地体现了他所论述与倡导的新中国外交风格的主要特点：“立场明确，旗帜鲜明，说理透彻”；“合乎实际的谦虚和深刻的自信相结合”；坚持原则性而又“力求灵活，争取主动”；“朴素大方，既不寒酸，也不豪华”。[⑥]

---

① 张闻天：《关于国际形势和外交工作中若干问题的报告大纲》（1956年3月），第25页。

② 《张闻天选集》，第476页。

③ 张闻天：《关于国际形势和外交工作中若干问题的报告大纲》（1956年3月），第25页。

④ 《张闻天选集》，第477页。

⑤ 张闻天：《关于若干国际问题的意见》（1959年6月27日）。此文曾作为1959年7月“庐山会议文件”印发。

⑥ 据：张闻天1958年6月2日在外交部党组扩大会议上的发言纪要；《关于执行我国和平外交政策中的一些问题》，《张闻天选集》，第478页。

庐山蒙冤

在 1956 年 9 月中共第八次全国代表大会和八届一中全会上，张闻天当选为中央委员、中央政治局候补委员。他虽然身在外交战线，但对国内工作一直非常关心。对于 1958 年的“大跃进”和人民公社化运动，张闻天起初也怀着热情，但从这年 9 月起就觉察到问题和缺点不少，深为忧虑。对于中共中央和毛泽东从 11 月第一次郑州会议开始纠正某些“左”的错误，张闻天是竭诚拥护的。不仅如此，他还力图从指导方针和根本理论上寻求原因，总结经验教训。经过 1958 年 10 月在东北和 1959 年 3 月在华

↓ 1956 年 9 月 27 日，中国共产党第八次全国代表大会在北京胜利闭幕。图为毛泽东（左五）、刘少奇（左四）、周恩来（右六）、朱德（右四）、陈云（右五）、彭真（左三）、董必武（左二）、林伯渠（右三）、张闻天（左一）、彭德怀（右二）、邓小平（右一）在大会主席台上。

↑ 1958 年 10 月，张闻天在长春第一汽车制造厂参观。（刘英提供）

↓ 1959 年 3 月，张闻天在广西调查。（萧扬　摄）

↑庐山会议前期的张闻天。(萧扬　摄)

↑张闻天参加庐山会议时的住处——河东路177号。(程中原 摄)

南的调查，张闻天对当时“左”倾错误的严重性及其深刻原因形成了比较系统的认识。

1959年7月，中共中央政治局扩大会议在江西庐山召开。7月14日，彭德怀给毛泽东写信，尖锐、明快地揭露了“大跃进”以来的主要问题。16日，毛泽东加上“彭德怀同志的意见书”的标题要求“评论这封信的性质”。庐山会议的气氛顿时紧张起来。正是在这样严峻的时刻，张闻天辞谢一些同志的好心劝告，7月21日下午，在华东组会上作了长达3小时的发言。[①]

张闻天的发言以大量确凿的事实，详细分析了比例失调、“共产风”、强迫命令、虚报浮夸、下放过多、体制紊乱等缺点的严重后果，指出了“左”倾错误对社会主义建设事业造成的巨大损失。“发言”尤其着重从思想方法、

① 这篇发言以《庐山会议上的发言》为题收入《张闻天选集》。

思想作风探究原因，从主观与客观、精神与物质、政治与经济、民主与集中等关系进行理论分析，指出当时在指导思想和若干重要理论问题上存在的偏差。他在“发言”开始后即点出，“比例失调”一条是由于“指标过高，求成过急”引起的；“共产风”一条是“大错误”，造成经济生活各方面的紧张，主要是所有制和按劳分配原则的问题；虚报浮夸、强迫命令是不允许讲话、不允许怀疑所致。在“发言”中，张闻天从理论高度进行了深入分析，批评产生“左”倾错误的主要原因：一是主观主义和片面性，二是夸大主观能动性而不考虑客观条件，只讲政治挂帅而忽视和违反经济规律，三是急于“过渡”和平均主义导致否定集体所有制与消费品个人所有制和按劳分配原则。并进

↓张闻天 1959 年 7 月 21 日在庐山会议华东组发言的会场 250 号楼外景。（程中原　摄）

而指出，造成种种问题而又长期得不到解决的一个根本原因是党内民主作风问题。他说："这个问题对我们当权的政党特别重要。我们不要怕没有人歌功颂德，讲共产党英明伟大，……怕的是人家不敢向我们提不同意见。"为此，他认为领导上要"造成一种空气、环境，使得下面敢于发表不同意见，形成生动活泼、能够自由交换意见的局面"。张闻天在发言的最后，肯定彭德怀的意见书"本意是很好的"。

张闻天在庐山会议上的发言，是在当时运用马克思列宁主义对大跃进以来的经验教训进行的全面、深刻的理论总结，从经济上、政治上、思想上探讨了中国社会主义建设的规律，提出了不少卓越的见解。这篇发言又是用科学理性精神和无私无畏的革命气概反对个人崇拜、争取党内民主的篇章。张闻天以这篇发言为执政的中国共产党的干部提供了有关党内民主的颠扑不破的理论，树立了为争取党内民主而奋斗的榜样。

↓ 1959 年 7 月 5 日，毛泽东批示印发张闻天在外交部务虚会上的发言。

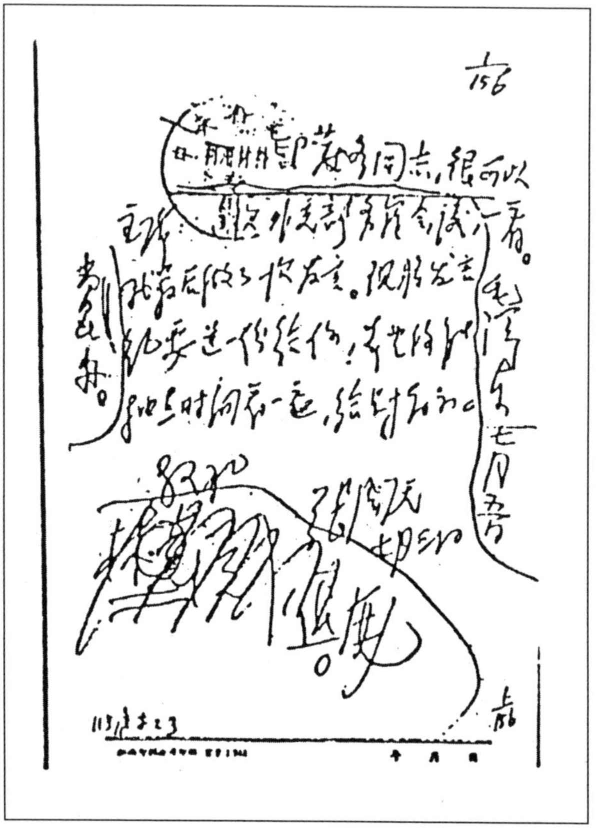

可是，在庐山会议上，张闻天却因为这篇发言而遭到无情的打击。他被指责是同彭德怀"武文合璧"进行反党的"右倾机会主义分子"。8 月 2 日至 16 日召开的八届八中全

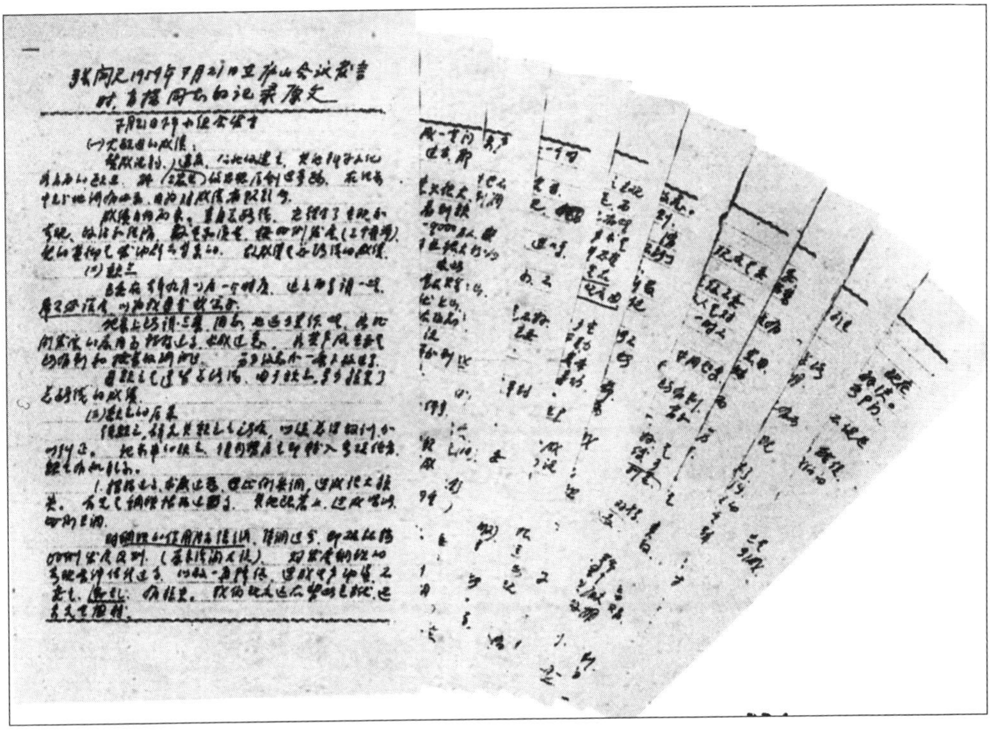

↑ 1959 年 7 月 21 日张闻天发言记录。

会，作出了《关于以彭德怀同志为首的反党集团的错误的决议》。下庐山回到北京以后，接踵而来的是外事系统的批判斗争。主题完全离开庐山发言的是非，而是追逼交代根本不存在的“军事俱乐部”和“里通外国”。9 月中旬，张闻天被解除外交部常务副部长职务。这时虽然还保留着中央政治局候补委员的名义，但实际工作已经完全停止了。

特约研究员

↓1961年春，张闻天在北京西郊香山参加《社会主义经济论（初稿）》中心编写组审稿会议时同与会同志合影。前排左起：孙治方、张闻天、杨坚白、冯秉珊、骆耕漠；后排左起：何建章、赵效民、王绍飞、刘国光、董辅礽、孙尚清、桂世镛、项启元、李琮、田光、江冬、黄道南。（孙尚清提供）

经过再三请求，到1960年11月，张闻天才被安排到中国科学院哲学社会科学部经济研究所当一名没有任何职权的“特约研究员”。但他还是十分认真地对待这项工作，依然竭忠尽智，恪尽一个共产党员的责任。

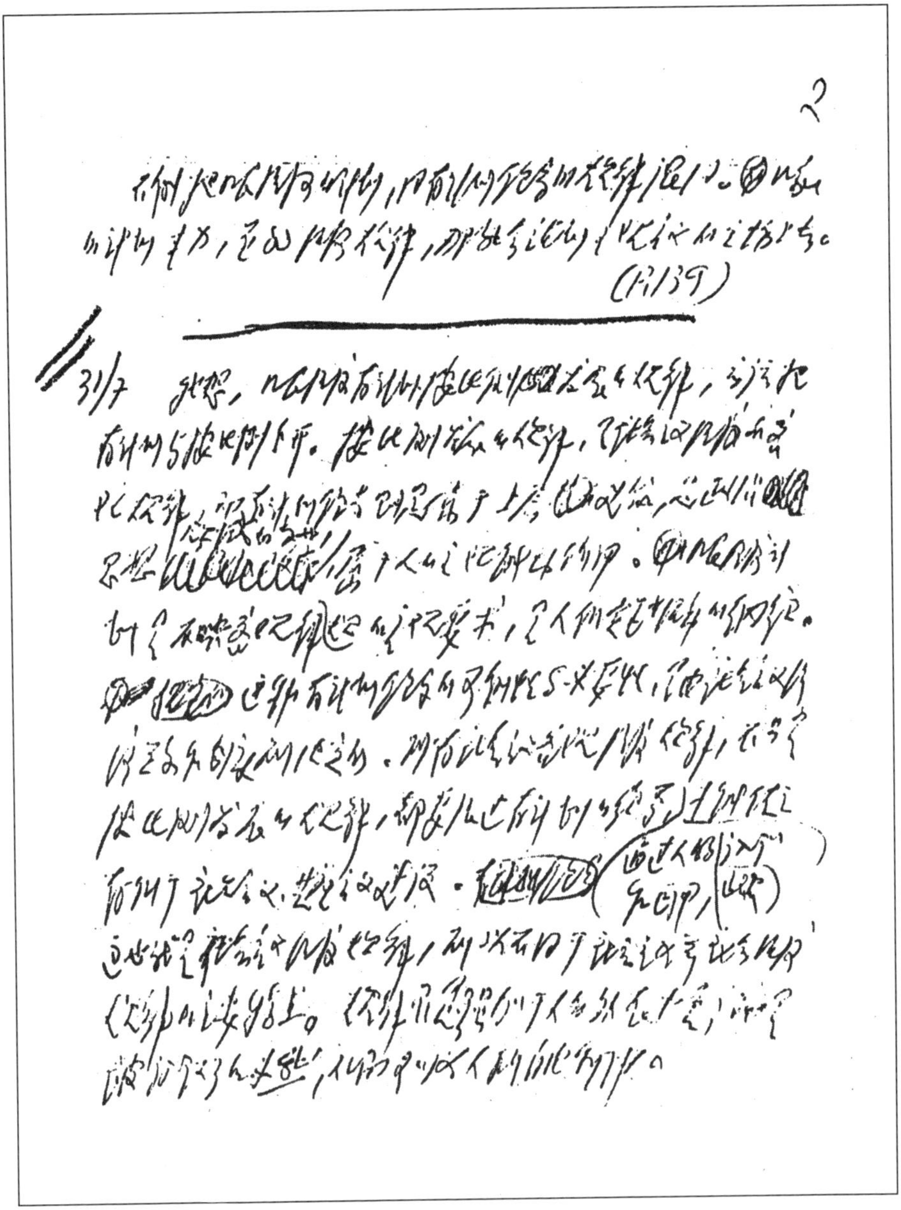

↑ 1961 年 7 月 31 日写于青岛的社会主义经济学笔记之一页。

张闻天到经济研究所以后，正是“反右倾、鼓干劲”遭致失败，不得不进行一系列“调整”的时期。张闻天在 1961 年至 1962 年间，结合我国社会主义经济建设的经验教训，研究了政治经济学的若干重大理论问题，同时还把目光投向现实经济生活中的市场物价问题上。在此期间，他参加了在香山召开的《社会主义经济论》（孙冶方主编）审稿会，写了大量“读书笔记”和用“读书笔记”的名义写的论文，并到苏、沪、浙、湘三省一市作了两个月调查，写了《关于集市贸易等问题的一些意见》，深化和发

↓ 1961 年 8 月 10 日写于青岛的社会主义经济学笔记之一页。

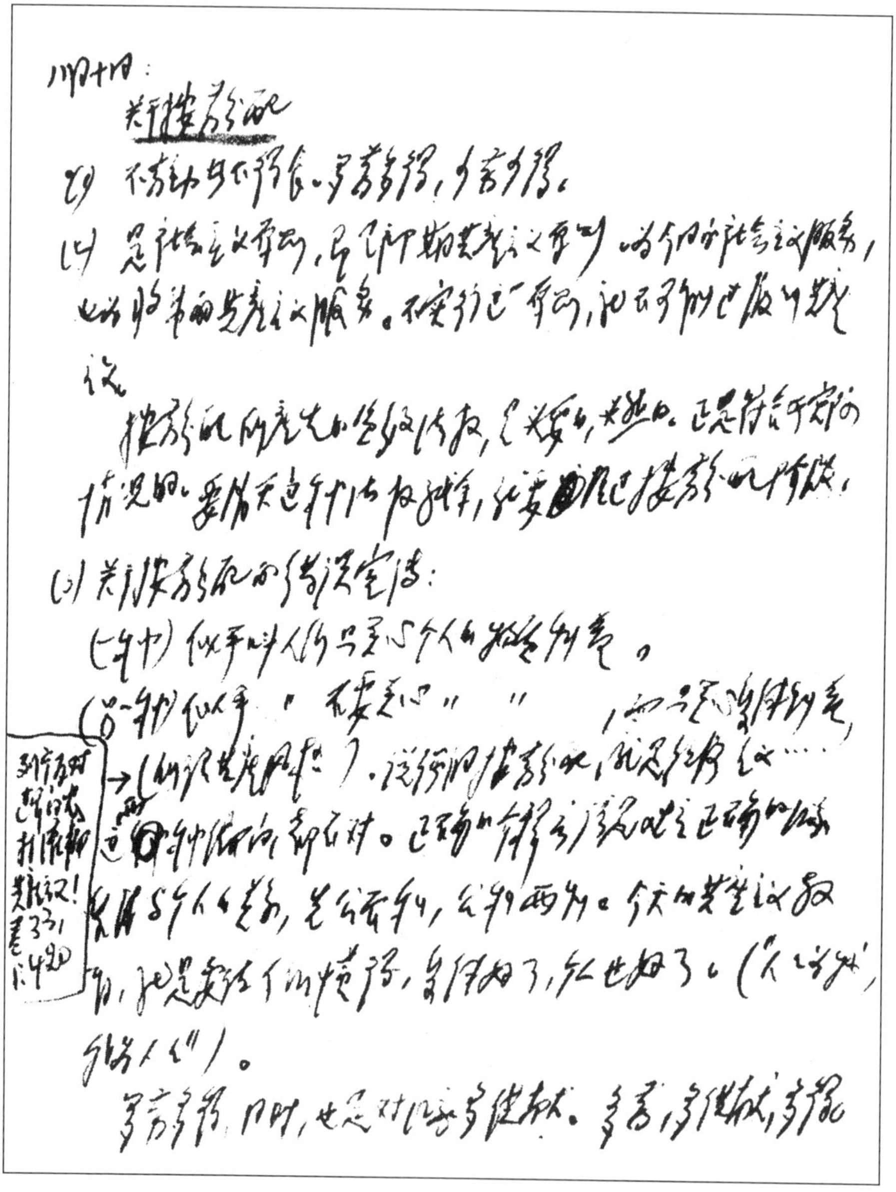

↑1961年夏，张闻天在青岛留影。左起：王政云（工作人员）、刘英、张闻天、张秀琴（张闻天的小妹）、边金菊（工作人员），中为养女小倩。（刘英提供）

展了庐山发言的思想。

针对当时思想、理论上的种种错误观点和糊涂认识，张闻天提出了许多关于社会主义基本问题的精辟见解。他指出：社会主义是一个有独立经济形态的阶段，不能跳跃，它必然是比较长期的、需要艰苦奋斗的阶段，由于生产力发展水平的不同，社会主义本身也有自己的不同的小的阶段；社会主义的基本矛盾“是不断发展的生产与不断提高的需要之间的矛盾统一”，把它说成是两个阶级和两条道路的矛盾，是把阶级矛盾与斗争扩大化了；发展生产力，提高人民生活水平，是社会主义建设中的首要任务，当前的任务是利用社会主义生产关系来充分发展生产力，把社会主义生产关系看做僵化不变的东西，看做可以任意调整的东西，都是不对的；按劳分配是自觉劳动的分配原则，它是反对资产阶级思想残余和平均主义的有力武器；国家、集体与个人的关系是“先公后私，公私两利”；马克思再生产理论适用于社会主义生产，没有剩余产品和产值，没有盈利，没有积累，就不可能有扩大再生产，就不可能建成社会主义，等等。① 这些观点既有很强的现实针对性，又有很高的理论价值。

在经济理论研究方面，张闻天强调人们认识客观规律包括价值规律的极端重要性。他在一篇笔记中提出：“现在应该研究在社会主义下价值的表现形态及其作用”。针对我国经济学界对价值规律的种种误解、曲解，张闻天指出：“关于价值规律的防止、限制和提高警惕等说法，表示人们还不能掌握这个规律，运用这个规律，因而在这个规律的自然作用前面表示恐惧。”并说：“当一个规律（价值规律在内）被认识以后，它就不但不能起破坏作用，而且可以很好的为人们所利用，造福于人类。”针对我国干部中当时普遍存在的“只要完成任务，就不计一切，不计代价”、“价值概念非常薄弱”的状况，张闻天提出，社会主义生产必须利用价值规律，要算“经济账”，“不能靠唯心主义、主观主义，或单纯的政治考虑”。② 张闻天由此进一

① 以上概述据《张闻天选集》选收的《关于按劳分配提纲》、《当前的主要矛盾已不再是阶级矛盾》、《社会主义经济若干理论问题》、《关于社会主义和共产主义的要点》等文。

② 张闻天：《读孙冶方同志的〈论价值〉》，《党的文献》1988 年第 3 期。

↑ 1962 年 5 月，张闻天在无锡调查期间与夫人刘英（左四）、养女小倩（左二）、张敏群（右二）等工作人员在无锡蠡园合影。（朱耀清　摄，刘英提供）

步指出经济学界对马克思《资本论》经济范畴的使用“有一种恐惧，怕在使用中犯修正主义错误”，“同时使用时却又照搬原来的意义，而不去指明旧形式下的新内容。”他毫不含糊地指明：“只要说明《资本论》的范畴在社会主义起了根本的质的变化之后，这些范畴的充分运用不但无害，而且有利。”因为这些范畴虽然表现资本主义的特殊性，但也表现一切社会化社会生产的共同性；再者，马克思的经济范畴，不只是表现生产关系，而且也表现生产力，是从两者统一中来表现的。张闻天还从方法论上指出种种机械的、片面的观点长期束缚人们思想的原因：“人们由于过分强调阶级性、特殊性，因而忘记了共性、一般性，忘记了继承与发展。”应该看到：“社会有不同的特殊阶段，但它是从低级到高级的统一的运动。它们不是绝对隔离着的，而是密切联系着的。”他指出，对马克思主义理论一方面要“学而不套”，深刻学习、充分利用而不硬

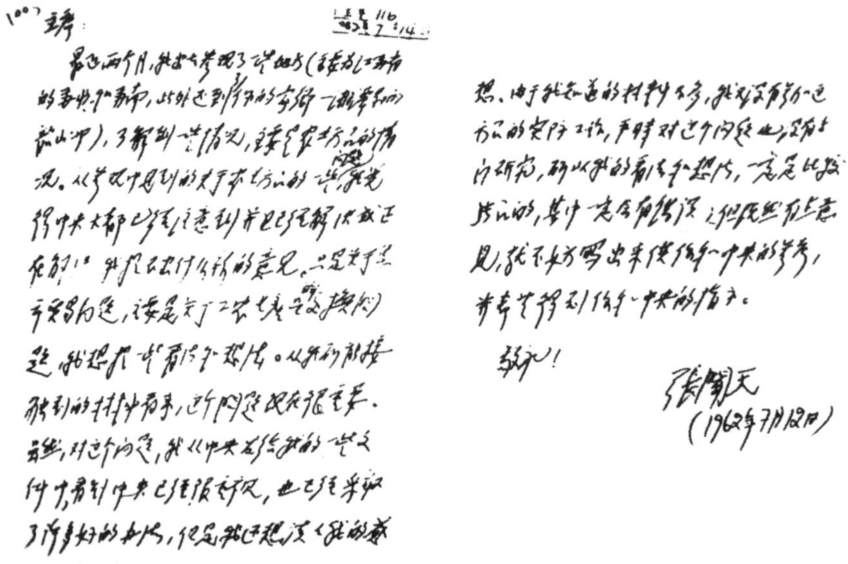

↑ 1962 年 7 月 12 日张闻天为送集市贸易意见书致毛泽东的信。

套；另一方面要系统研究党的政策，进行调查研究，掌握材料，全面理解；再一方面要以中国为背景，吸收他国经验。① 张闻天的这些卓越见解，对中国社会主义建设的意义是深远的。

1962 年 7 月上报中共中央的关于集市贸易的调研报告，是张闻天对流通问题的理论同具体经济政策的研究相结合的产物。他主张在市场和物价问题上突破人为的限制和障碍，自觉地运用价值规律和供求规律的调节作用。他建议对集市贸易放宽政策，扩大范围，允许合作商店、夫妻店、个体手工业者以及小商小贩的合法的买卖活动；允许集市贸易超出本地区范围同其他有关地区发生物资交流关系；允许农民有在完成交售任务后按市场价格出卖其

① 张闻天：《香山会议中所涉及的一些问题的感想》，《社会主义经济学笔记》（5）。

农副产品（包括粮油棉）的权利，国家的工业品除配给者外，也可以按市场价格出售。张闻天还谈到了集市贸易发展的方向问题，认为国营商业和供销合作社积极活动，加上国家其他经济措施的影响，“自由市场”、“自由价格”就会“逐渐向有领导和有调节的市场和价格过渡”。这里的重要之点是，“掌握好工农业产品价格的适当比例”。国家在集市上的价格政策要尽量灵活，尽量主动，不要僵化和被动，要善于根据市场的行情变化，及时调整。可惜的是，这份有利于促进经济发展、巩固工农联盟的报告没有得到重视，后来还被诬蔑为“复辟修正主义的黑纲领”而受到批判。

在 1962 年 7 月至 8 月的北戴河会议和 9 月的八届十中全会上，张闻天进一步受到打击，被列入专案进行审查，取消参加中央一切会议、阅读一切党内文件的权利。张闻天同党的政治生活完全隔绝，过着孤寂的生活。然而他没有就此消极遁世，还是认真进行学习与研究。他写了好几本“读书笔记”。每隔两个月左右，他总要给毛泽东、刘少奇写信报告自己的学习、生活和思想。不时还给他们寄去研究国内、国际问题的文稿，提出自己的看法和建议。这类文稿，到“文化大革命”之前，先后共有 11 篇，计 30 万字。但都像一箭之入大海，没有一点回音。

在这些文稿中，最富有理论创见的一篇，是写成于 1963 年 4 月 10 日的《关于生产关系的两重性问题》①。此

① 此文首次发表于《经济研究》1979 年第 10 期，收入《张闻天文集》第四卷，中共党史出版社 1995 年版。

→1962年5月，张闻天在苏州调查期间与夫人刘英、养女小倩合影。(刘英提供)

文抓住生产关系这一关联着马克思主义三个组成部分的基本理论范畴，结合实际有针对性地进行了创造性的研究，从理论渊源上深刻批判了20世纪60年代前期占统治地位的“左”的错误理论与实践。张闻天指出：“生产关系具有两重性，具有表现生产力的生产关系方面和所有关系方面。表现生产力的生产关系是指人与人在生产中分工和协作关系，它直接反映出生产社会化的程度和社会的生产力水平。所有关系包括生产、分配、交换、消费四个方面。它具有暂时性和相对稳定性两个特点。这种暂时性和相对稳定性，正好和生产关系一般的永久性和易变性相对立，表现出生产关系的内在矛盾。生产关系的这种内在矛盾实际上就是生产力和生产关系矛盾的具体表现。”他又进而申述：“生产关系内这两方面的对立统一关系，这种一般和特殊的关系，内容和形式的关系，就是我们所说的两重性。”

↑ 1962 年的张闻天。(刘英提供)

张闻天关于生产关系两重性的论述，为破除“左”的错误思想提供了理论根据。按照张闻天的观点，生产关系本身包含着表现生产力的生产关系，在生产力与生产关系的矛盾中，“生产力方面，不是片面起决定作用，而是最后起决定作用”。这就必然导致对发展社会生产力的高度重视，从而得出必须以经济建设为中心的结论。这就从根本上破除了借口生产关系如何如何重要而大批所谓“唯生产力论”和反对把工作重心转向经济建设的理论根据。同时，既然所有关系在一定的历史阶段具有相对稳定性的特点，那就足以说明，脱离生产力，脱离生产、分配、交换、消费四个环节，孤立地、不断追求所有制“升级”，搞“穷过渡”，是极其错误的。

张闻天的读书笔记，有许多具有现实针对性的深刻见解。他在一则哲学笔记中指出：“‘一分为二’的说法有缺点。”[①] 他写道：“现在一些文件上，把对立统一规律通俗地称为‘一分为二’的规律。这种说法有缺点。因为‘一’

---

① 这则笔记以此为题收入《张闻天选集》，以下引文见该书第 566 页。

本来是对立统一的一，而不是无矛盾的一；'二'本来是统一的发展，而不是无矛盾的'一'的分裂为'二'。"对矛盾发展的趋势，张闻天在另一些文稿和笔记中也表达了不同的看法。他说："矛盾的解决，要经过斗争，但不一定发展为分裂。矛盾发展到分裂，要有一定的条件。在另一种条件下，矛盾可以不发展到分裂。"张闻天认为："飞跃，'渐进的中断'，质变，可以是革命的结果，也可能是改良的、完善的结果。在社会主义内，属于后一种。"① 他又说：在社会主义社会里"客观上，矛盾不能转化为对立"，"但如果主观上犯错误，矛盾就有发展为对立的可能性。改正了错误，对立性的矛盾又会缓和下来。""如果说社会主义社会各部分人民中间矛盾是基本的，斗争是基本的，那就是把社会主义社会等同于资本主义社会了。"②

① 《关于社会主义和共产主义的要点》，《张闻天选集》，第 542 页。

② 《社会主义经济若干理论问题》，《张闻天选集》，第 527—528 页。

在“文化大革命”风暴中

早在1964年秋社教运动中，张闻天就被指责同经济所所长孙冶方结成“反党联盟”，搞利别尔曼那一套修正主义经济理论。进入1965年，张闻天接连受到种种不公正待遇。先是吊销供应卡，接着撤掉“红机子”，后来又搬走了煤气罐，取消了小轿车。

1966年5月“文化大革命”正式发动。8月9日，张

↓1965年底，张闻天、刘英同家人、工作人员等在一起。左起：张秀琴、刘英、孙时平（工作人员）、张闻天、张小倩、黄亚华（工作人员黄关祥之女）、刘海燕（刘英侄女）。（刘英提供）

↑ 1966 年 12 月，张闻天同从上海来京的外甥马文彬（右一）、马文奇（左一）在北京景山后街寓所合影。

闻天在经济所第一次被揪斗，当场昏厥。从此开始了承受残酷斗争、非人折磨的岁月。他无数次地被批斗，被审问。在1967年1月至11月间，接受审讯、回答问题或被逼写“材料”等累计达219起之多。① 不论怎样辱骂、恫吓，不论怎样诱、套、哄、逼，不管外界的舆论和压力，他总是负责地据实回答，决不乱说，从不诿过于人。他给“批判陈云联络站”写的材料说：“我觉得陈云工作比较踏实，有办法；作风谨慎稳当，比较能团结和使用干部”，“对陈云的印象是好的”。② 江青等妄图利用所谓“伍豪启事”反周恩来。张闻天斩钉截铁地回答造反派：“‘启事’纯系捏造。我同康生、陈云等看到后，一笑置之。因为一则伍已去江西；二，伍绝不会做这样的事。”③

在那些所谓“交代”、“检讨”中，涉及一些理论问题和历史问题，张闻天决不轻易放弃自己的独立见解。举例来说，在1967年8月28日交给造反派的一份所谓“认罪书”中，张闻天概括庐山会议前后自己的基本思想是：“认为我国农业、手工业合作化和私人资本主义工商业社会主义三大改造完成之后，无产阶级和资产阶级之间的矛盾已经基本上解决了，因而以后的任务，就不再是社会主义革命和社会主义建设，而只是社会主义建设了。社会主义建设的基本矛盾，就是生产和需要的矛盾，因此，社会主义建设的基本任务，就是解决这个矛盾，即发展生产，

---

① 据张闻天1967年11月27日交的《接待总结》，见他的《文革记事本》。

② 张闻天1967年3月20日写的材料。

③ 写于1967年11月20日，录自张闻天的《文革记事本》(2)。

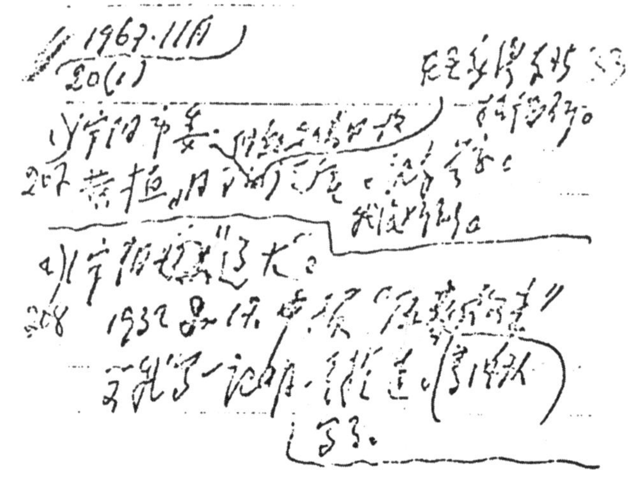

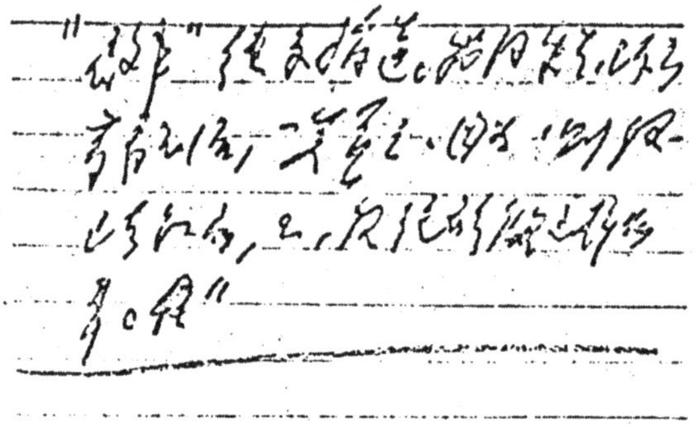

为揭露“伍豪启事”系捏造而写的
证明材料提纲（1967年11月20日）

释文：

1967 · 11月20〔日〕(〔星期〕1）在毛家湾东北招待所。 沈阳“辽大”

1932 · 2 · 17 申报“伍豪等147人启事”要我写一证明。系捏造。写了。

“启事”纯系捏造。我同康生、陈云等看到后，一笑置之。因为一则伍已去江西，二，伍绝不会做这样的事。

按：伍豪，即周恩来。“147人”《申报》原文为“243人”。

↑ 1967 年 11 月 20 日，为揭露“伍豪启事”系捏造而写的证明材料提要。

满足需要。”他还说明，自己在这种基本思想的指导下，在社会主义经济建设问题上有以下六条主张：1．强调发展生产力，即把“以最少的劳动消耗，取得最大的经济效果”，把建立社会主义物质技术基础，作为建设社会主义的基本任务。2．强调改善人民生活福利，强调社会主义国家要同资本主义国家在物质生活水平上进行“和平竞赛”。3．强调利用物质刺激，即利用工资等级、奖金制等，来刺激劳动人民和知识分子的生产积极性。4．强调价值规律及其他经济规律的作用，强调一切生产计划都应服从于经济规律，而不是使经济规律服从于生产计划；强调用经济方法去领导经济；以及强调经济核算、利润指标等等。5．在生产管理上，强调厂长、工程师、专家等集中管理，反对在生产中大搞群众运动；反对不断破坏“旧制度、旧规章”；从而也强调要向资产阶级管理生产的经验学习，向资产阶级专家学习。6．主张“平衡论”、“按比例论”，“生产渐进论”，反对“冒进”，反对大跃进。

↑张闻天每天前往经济研究所使用的公交车月票（1968年5月）。1979年8月25日张闻天追悼大会会场正中悬挂的遗像即用这张照片。（刘英提供）

在许许多多被“勒令”交代的问题中，最为严重的是

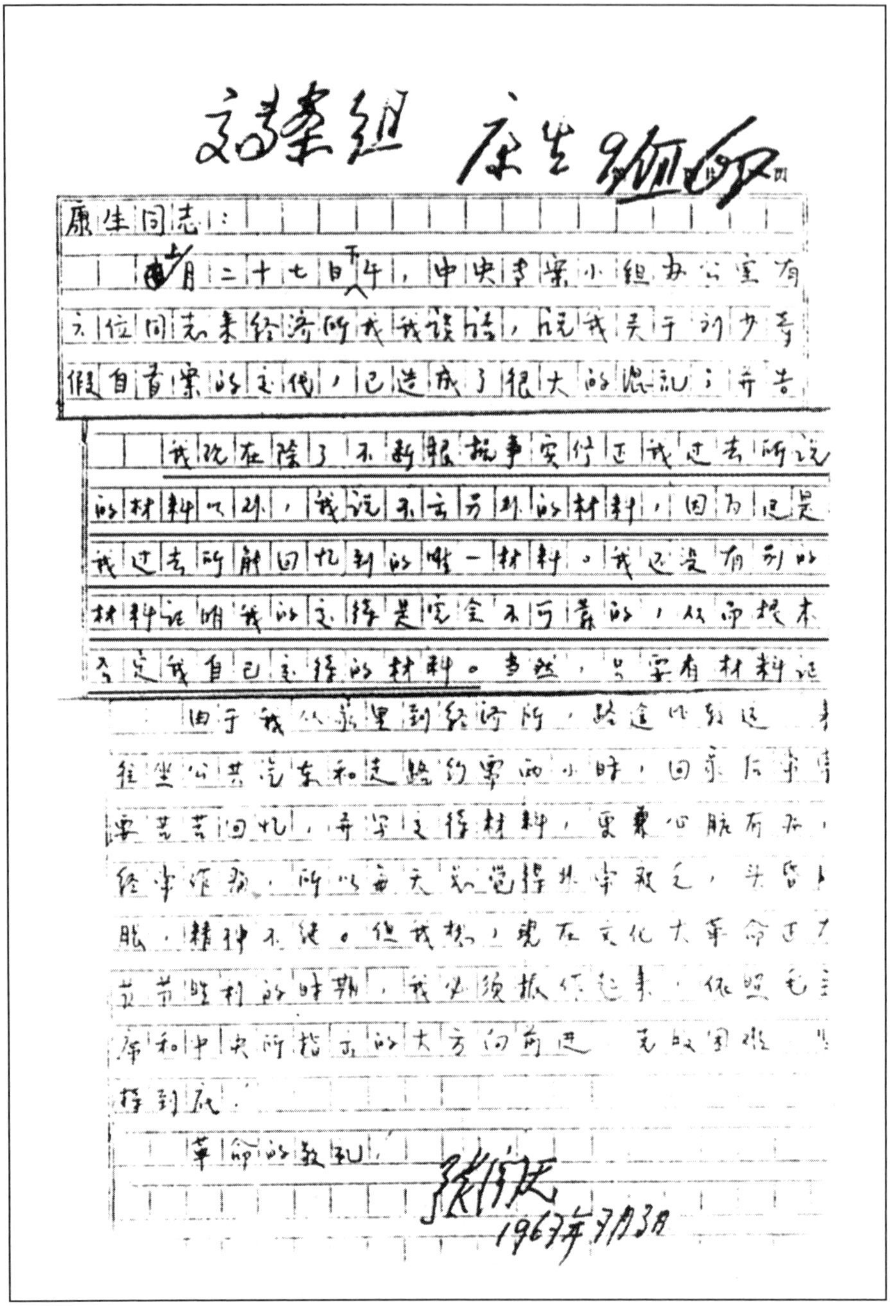

交专案组 康生

康生同志：

六月二十七日下午，中央专案小组办公室有六位同志来经济所找我谈话，说我关于刘少奇假自首案的交代，已造成了很大的混乱；并告

我现在除了不断根据事实修正我过去所说的材料以外，我说不出另外的材料，因为这是我过去所能回忆到的唯一材料。我还没有别的材料证明我的交待是完全不可靠的，从而根本否定我自己交待的材料。当然，只要有材料证

由于我从家里到经济所，路途比较远，来往坐公共汽车和走路约需两小时，回家后我再要苦苦回忆，并写交待材料，更兼心脏有病，经常作痛，所以每天都觉得非常疲乏，头昏失眠，精神不佳。但我想，现在文化大革命已到了最后胜利的时期，我必须振作起来，依照毛主席和中央所指示的大方向前进，克服困难，坚持到底。

革命的敬礼

张闻天

1967年7月3日

↑1967年7月3日，张闻天写给康生的信。

所谓“61人案”。即为了陷害刘少奇，诬指刘少奇1936年擅自决定一批干部履行手续出狱，组成所谓“叛徒集团”。事实上，此事曾经中共中央讨论同意，指示这些干

部采用非常办法迅速出狱，领导当时日益高涨的抗日救亡运动和民族统一战线工作。对这个涉及国家主席刘少奇的名节，涉及薄一波、刘澜涛、安子文等一批领导干部政治生命的大问题，张闻天一开始就不推诿，不含糊，忠于事实，忠于历史，说明此事刘少奇请示过中央，是经他（代表中共中央）批准的。为慎重起见，他将1967年2月16日写就的材料急送康生，要他查档核实，并就内容是否妥当请示中央。康生是知道事情的全部经过的。在1937年十二月会议上刘少奇报告华北工作时曾谈及此事，讨论时康生就此事发了言，并被张闻天指定起草有关文件。① 但是，这时他故意不给答复。于是张闻天在2月18日另写了一份材料交出，略去第一份材料上所说“中央内部关于此事的处理，是知道的”情节，由他个人独自承担全部责任。材料肯定刘少奇为此事请示过中央，而“我就复信表示同意”。为避免涉及中央，他又特别说明“我现在记得，当时我没有把此事报告毛主席，或提到中央特别讨论”。忍辱负重，顾全大局，令人感佩。嗣后涉及此案，张闻天始终肯定此事是经他同意的。对此，康生憎恨之极。他在张闻天4月28日给他的信上批道：“这个人继续玩弄手段，应予以坚决回击。”6月27日又派中央办公厅专案组干部审讯张闻天，指责“61人案”被张闻天“把水搅浑了”，威胁他要“替子孙后代留条后路”，不得为刘少奇开脱，并责令张闻天“写交代材料”，“澄清事实真相”；以后不

---

① 据会议记录。

准造成新的混乱。[1]在这千钧压力面前，张闻天凛然不动，于7月3日致信康生，表示他已提供的材料是“我今天仍然认为我所能提供的唯一材料”，“我还没有别的材料证明我的交代是完全不可靠的，从而根本否定我自己交代的材料”，“我现在不知道我对此事还能澄清什么。”时穷节乃见。张闻天真正表现了共产主义知识分子至大至刚的一身浩然之气！

1968年5月17日下午，北京卫戍区司令部按上面指示派了一个班，进驻景山后街甲1号张闻天寓所，宣布对张闻天夫妇实行“监护”。当即将张闻天和刘英隔离开来，分别关在北面两间小屋子里。窗户糊得严严实实，门上开一个小方孔，警卫日夜窥望监视；不许听广播，不许看报，不许同家人来往；对张、刘轮流审讯，反复追逼；每天放风一次，时间错开，始终不让两人碰面。这种暗无天日的独身牢房生活一直持续了523天。张闻天已年近古稀，老而病，身心两受其害，然而始终坚持原则，顾全大局，对党负责，对同志负责，表现了高尚的人格，纯粹的党性。

① 据张闻天1967年7月3日给康生的信。

遣送肇庆

张闻天和夫人刘英在被武装监护、隔离审查近一年半后，到 1969 年 10 月 20 日，由中办一副主任前来宣布，经毛主席批准，解除监护，张闻天的问题是人民内部矛盾。当前战备紧张需紧急疏散，遣送广东中小城市。限三天内启程。

←张闻天夫妇 1969 年 10 月底抵达广东肇庆后，住在市郊牛岗军分区宿舍大院这座平房内。

张闻天与夫人刘英于10月底抵广东，被安置在广州以西100多公里的肇庆。他们居住在肇庆市郊牛岗军分区宿舍大院内半山坡上的一座平房里。张闻天不准用本名，只好化名张普。人身自由受到限制，规定：不准打电话，不准与外面人员接触，离开宿舍区要经批准，军分区机关放电影也要请求同意后才能看。军分区保卫科每月向上汇报其思想、言行。不过，张闻天觉得比在北京被隔离的生活毕竟自由得多，现在可以看书、读报、听广播了，有时也可以在警卫人员的陪同下到山下西江大堤上散步。

这时，张闻天因高度近视加白内障，视力只有0.2了，高血压等疾病又折磨着他，但他的心并没有衰老。他依然忧国忧民，思索着党和国家的命运，探求建设社会主

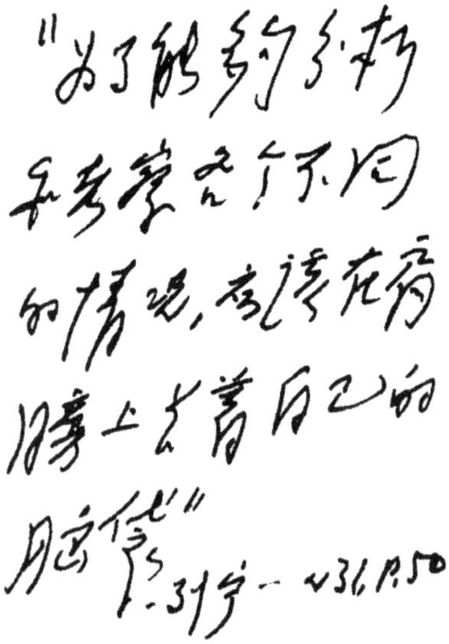

"为了能够分析各种不同的情况，应该在肩膀上长着自己的脑袋"
列宁 v31 P.50

↑写在台历上的列宁的话。

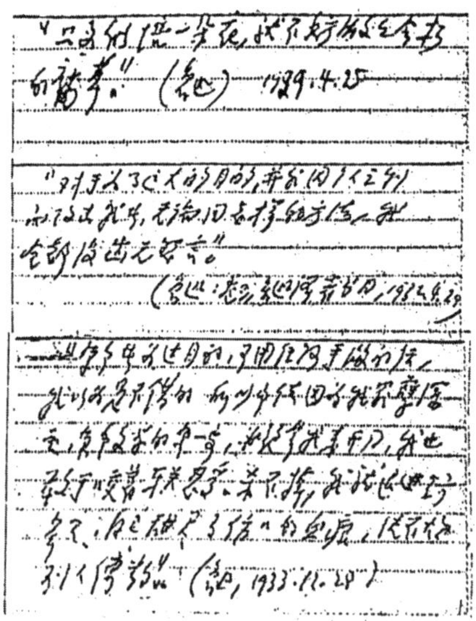

"只要能培一朵花，就不妨做做会朽的腐草。"（鲁迅）1929.4.25

↑“文化大革命”中抄在卡片上的鲁迅的话。

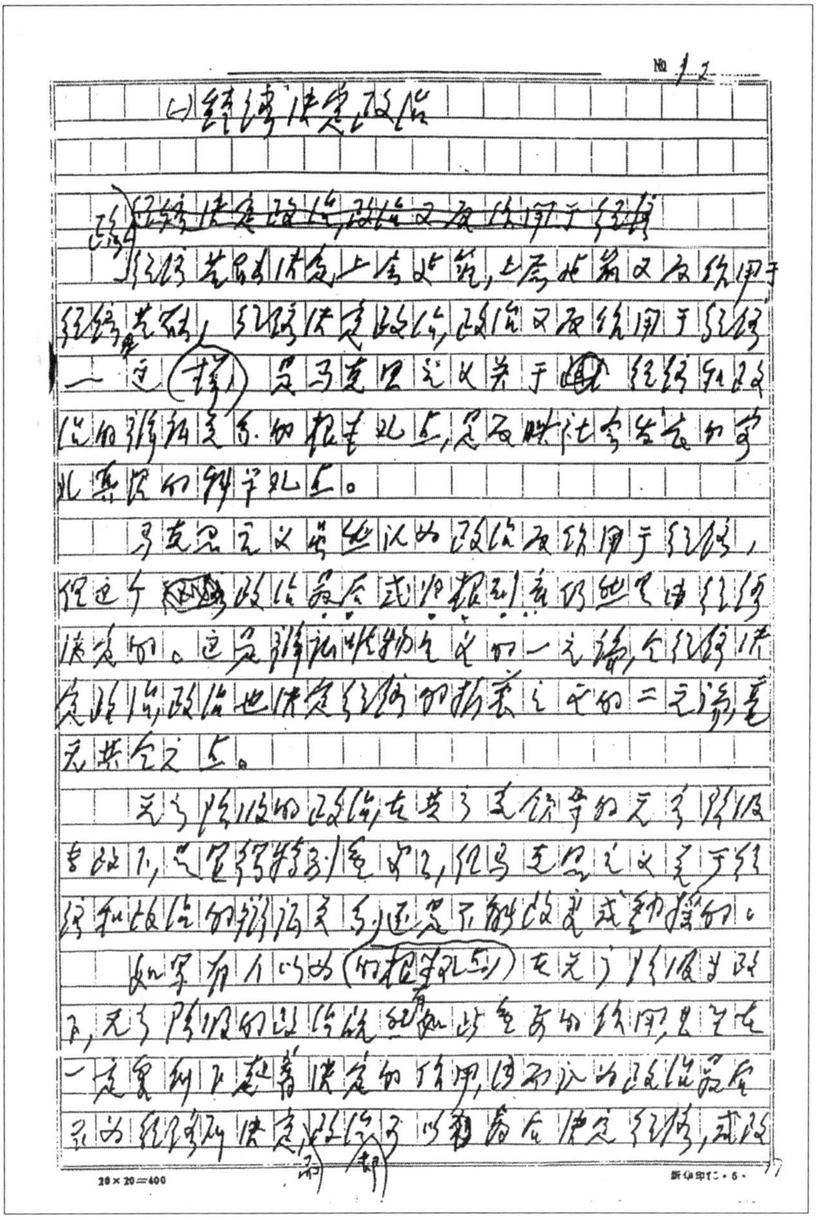

↑“肇庆文稿”中的《无产阶级专政下的政治和经济》手稿。

义的规律。他的十多本读书笔记和13篇文稿合订本都被造反派抄走了。他就从头开始，重新读书写卡片，并将它们按专题一叠叠分装在纸袋里，有些连贯起来就是文章的提纲。他读报特别仔细，关心着国内外政治、经济的发展变化。

1971年9月13日，林彪出逃，折戟沉沙。张闻天从这一事件中洞察到“文化大革命”失败了。从10月中旬起，他即动笔写论述社会主义基本问题的文稿。到1974年5月，写了《论社会主义和共产主义》、《无产阶级专政下的政治和经济》、《论我国无产阶级专政下有关阶级和阶级斗争的一些问题》、《关于社会主义社会内的公私关系》四篇文稿①，近10万字，被称为“肇庆文稿”。在这些文稿中，张闻天运用马克思主义原理，深刻总结了我国进入社会主义社会之后，从“大跃进”到“文化大革命”的经验教训，批判了“左”倾错误理论，从社会主义与共产主义的联系和区别，社会主义社会中政治与经济的关系、阶级关系、党与国家的关系、领袖与群众的关系和公私关系等方面，系统地论述了社会主义的性质、阶段、任务和中国建设社会主义的基本规律。“肇庆文稿”中有许多精辟的议论，记录了张闻天对怎样把马克思主义和中国社会主义建设实际相结合的深刻理解，显示了马克思主义理论家的坚定和勇敢。

---

① 《张闻天选集》编辑组从这四篇文稿中节选了《人民群众是主人》、《无产阶级专政下的政治和经济》、《衡量党的路线政策的最高尺度》、《党内斗争要正确进行》、《关于社会主义社会内的公私关系》等篇，收入《张闻天选集》。

从“大跃进”到“文化大革命”，“左”倾错误愈演愈烈，原因之一是在理论上没有认清社会主义社会的长期性和阶段性。张闻天在肇庆文稿中深刻地阐明，作为一个特定的社会发展阶段，“社会主义必然是一个很长的历史时期”，“过去革命阶段的长期性，同这个社会主义阶段

↑ 1973 年夏，张闻天在肇庆亲手栽种的芭蕉树下。（刘英提供）

的长期性比较起来，简直是不足道的。”同时，他又提出社会主义社会的阶段性，在这个很长的历史时期里，“由于生产力水平的不断提高，生产关系的不断完善和上层建筑的不断改造，本身必然还有不同的发展阶段。”在“以阶级斗争为纲”、“突出政治”的浪潮中，张闻天旗帜鲜明地指出，社会主义革命改变了生产资料的私有制，其目的就是为了解放生产力；社会主义社会的任务，首先就是要解放生产力。他强调，社会主义社会的一切工作，“归根到底，就是为了大幅度地提高生产力，发展社会主义经济。”用反对所谓“唯生产力论”的观点来反对把战略重点转移到发展生产力、建设社会主义上来，是根本违反历

↓张闻天和外甥马文奇（左）、工作人员黄关祥（右）在肇庆住处合影。

史唯物主义常识的。认为靠很低的劳动生产率就能建成共产主义的想法，是幼稚的。

张闻天还提出了建设社会主义必须遵循的两条重要原则，一是“从实际出发”，就是要“从一个社会当时的经济状况和经济条件出发，从它的阶级关系出发”，将政治路线和策略“建立在对经济状况的科学认识上”；二是不能违反经济规律，而要“认识这些规律，按照这些规律办事”。他严峻地指出，政治路线“不仅不能改变经济规律的必然趋势，而且它本身的命运也要最后由经济规律来判决”。

针对“文化大革命”中批判“公私溶化”论造成的思想混乱，限制和批判按劳分配原则与物质利益原则的“左”倾错误，以及若干“左”倾的城乡经济政策，“肇庆文稿”论述了应该怎样全面认识和正确处理社会主义社会内的公私关系。张闻天从理论上指明，“公和私（也包括集体和个人、国家和个人）是一对矛盾而又统一的范畴”，在社会主义社会内，“对大多数人民群众来说，私的、个人的利益和公的、集体的（包括国家的）利益是基本上一致的”。因此公私矛盾，“可以用自觉的调节的办法来解决”。张闻天认为，在社会主义社会内公和私也不是隔绝的。社会主义社会只反对个人主义、自私自利的或假公济私、损公肥私的那种私，却不反对个人在社会主义社会应该得到的个人利益的私。社会主义社会在公的集体的利益内就包含有私的个人的利益，因而是“公中有私，而不是公中无私”。这种公私关系的基本一致性，在按劳分配中表现得非常清楚。个人在按劳分配原则下应分得的份额的

“私”，是每个人应有的正当权利。反对或否认这种“私”，就是反对社会主义分配原则的“左”的空谈。张闻天还认为，在社会主义内“不但公中有私，而且在一定范围内，还允许公外有私。”农民的自留田、家庭副业与集市贸易就是公外的私，“这是公私结合的一种辅助的形式，在目前条件下还不能废弃。”

“肇庆文稿”还用大量篇幅论述了有关共产党作为执政党加强自身建设和保证党的正确领导的一系列问题。张闻天指出，正确处理党群关系是保证党的领导正确的关键。他认为在党群关系方面的基本观点是：“人民群众是主人，党是勤务员。”“领导就是服务。领导人民，就是为人民服务。”他从哲学高度深刻地阐明，党同人民群众之间的“一致性，总是在两者之间的矛盾中展现的”，党同群众的“矛盾是始终存在的”，“这种矛盾，只有经过党的批评和自我批评，党加强对群众的方针政策的教育，以及帮助群众根据切身经验提高认识，才能逐步解决”，而“群众的实践，是衡量党的路线和政策的最高尺度”。正确认识和处理党和国家的关系对执政党来说至关重要。张闻天认为：党领导国家，但他本身不是国家。党应该通过国家来实行人民民主专政。“党不能超过国家、高踞于国家之上”。那种使国家机关成为党的附属机构的想法和做法是不正确的。领袖与党的关系问题在“文化大革命”中十分突出。针对当时个人专断作风和狂热的个人崇拜现象，张闻天毫不隐讳地指出，“我们所要的是集体领导，而不是个人专断，不是一个人说了算。”上层领导者“喜欢人们讲阿谀奉承和歌功颂德的话，而不欢迎人们讲不

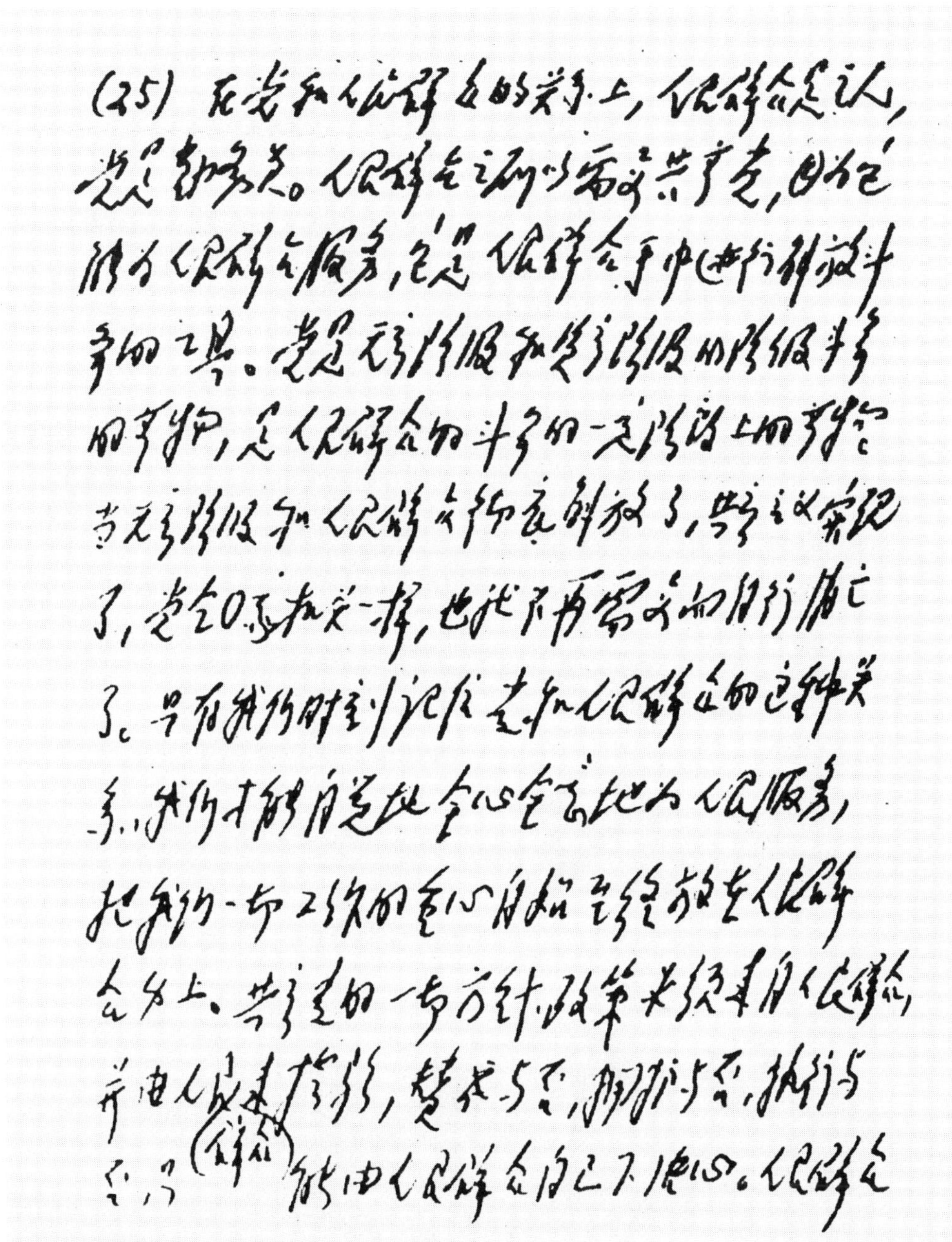
(25) 在党和人民群众的关系上，人民群众是主人，党只是勤务员。人民群众之所以需要共产党，因为它能为人民群众服务，它是人民群众手中进行解放斗争的工具。党是无产阶级和劳动阶级的阶级斗争的产物，是人民群众的斗争的一定阶段上的产物。当无产阶级和人民群众彻底解放了，共产主义实现了，党会同国家一样，也就不再需要而自行消亡了。只有我们明确认识党和人民群众的这种关系，我们才能自觉地全心全意地为人民服务，把我们一切工作的重心自始至终放在人民群众身上。党制定的一切方针政策必须来自人民群众，并由人民群众来检验，赞成与否，拥护与否，执行与否，只能由人民群众自己下决心。人民群众

↑“肇庆文稿”中的《人民群众是主人》手稿。

同意见的话，……那是不能发扬民主的”。“文化大革命”中另一个十分尖锐的问题是怎样看待党内矛盾的问题。张闻天不赞成“党内矛盾是社会阶级斗争的反映”的观点及

“镇压”的方法。他指出，未经严格审查、没有确凿证据，轻易怀疑、断定或诬陷持不同意见的或犯有这样那样错误的同志为党内资产阶级代理人，为阶级敌人，为内奸、特务，是颠倒是非，混淆敌我，必然给党造成极大危害以至严重破坏。而“文化大革命”中“那种夸张的、武断的、主观主义的、吹毛求疵的或人身攻击的思想批判，是既没有说服力，也不能教育同志、团结同志的”。他提出应该允许党员“为自己辩护”，必要时“还可以上诉，要求翻案”。这些论述道出了动乱年代无数老革命家和广大党员的心声。

↓ 1974 年恢复组织生活后的党费证。

张闻天的“肇庆文稿”在一系列关系社会主义事业兴衰成败的根本问题上，从理论与实际的结合上作出了马克思主义的回答。它的特别可贵之处，在于对“文化大革命”的理论与实践的毫不含糊的批判和否定。虽然文稿中难免留有当时社会思想折射的痕迹，但这些并不影响“肇庆文稿”在探讨社会主义基本理论方面的价值。

它是十年“文化大革命”时期中国共产党人从理论上批判“左”倾严重错误，论述社会主义特点和规律的一部代表作，是用革命气概和科学精神构筑起来的一座理论丰碑。

1974年初春，张闻天、刘英获准恢复党的组织生活和进行社会调查。张闻天很珍惜久被剥夺的深入实际的权利，立即到工厂参观调查。他几乎走遍了肇庆当时的各主要工厂。也只是到这时，他才有机会游览肇庆著名的风景区七星岩。张闻天的心中又升起了希望。他让从上海来探望的外甥马文奇秘密誊抄所写文稿，准备将来出书或到会上讲讲。他接连给毛泽东和中共中央写信，“希望回到北京生活和养病”。可是得到的回答是“到北京住，恐不合适”。要求回上海，也不同意。直到1975年6月，才得到通知：同意迁居无锡。

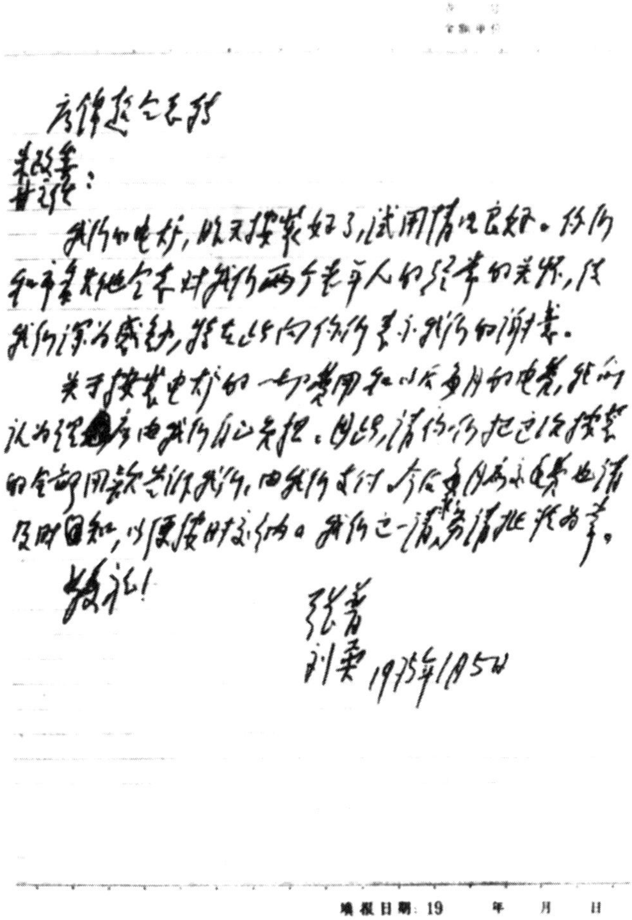
[illegible]

[illegible]：

我们的电炉，昨天接装好了，试用情况良好。你们和市委其他同志对我们两个老年人的经常的关怀，使我们深为感动，特在此向你们表示我们的谢意。

关于接装电炉的一切费用和以后每月的电费，我们认为理应由我们自己负担。因此，请你们把这次接装的全部用款告诉我们，由我们支付。今后每月的电费也请及时通知，以便按时交纳。我们这一请求务请批准为幸。

敬礼！

张普

刘英 1975年1月5日

填报日期：19　年　月　日

↑ 1975年1月5日，张闻天给肇庆市委负责人的信，署名为“张普”。

↑张闻天夫妇同儿子虹生等一起游肇庆七星岩合影。前排为儿子虹生和孙女冬燕，后排右一为刘英侄女刘海燕。

长逝无锡

1975年8月25日，张闻天抵达太湖边的中等城市无锡。9月1日，住进汤巷45号。他除了沿用“张普”的化名以外，多了一个代号——45号。

↓ 1975年8月张闻天迁居无锡后的住所：汤巷45号。（无锡市史志办提供）

张闻天还没有等把家安好，就开始伏案写作了。9月7日，他将论阶级和阶级斗争的文稿校阅、改定，接着又改定《无产阶级专政下的政治和经济》一文。他改得非常认真。从保存下来的全部手稿可以看出，这次修改补充至少进行了两遍。第一遍删去了八九页，增补重写了16页。第二遍又增补了2页。全稿40页，修改增补了18页，将近一半。在增补首页右上角记载着完成修改工作的日期：16／9／75。其时，被造反派抄家时拿走的写于1962—1966年的13篇文稿合订本刚刚发还，他又逐篇校订，一一标上日期和序号。

进入深秋季节，江南天气冷热多变，衰老多病的张

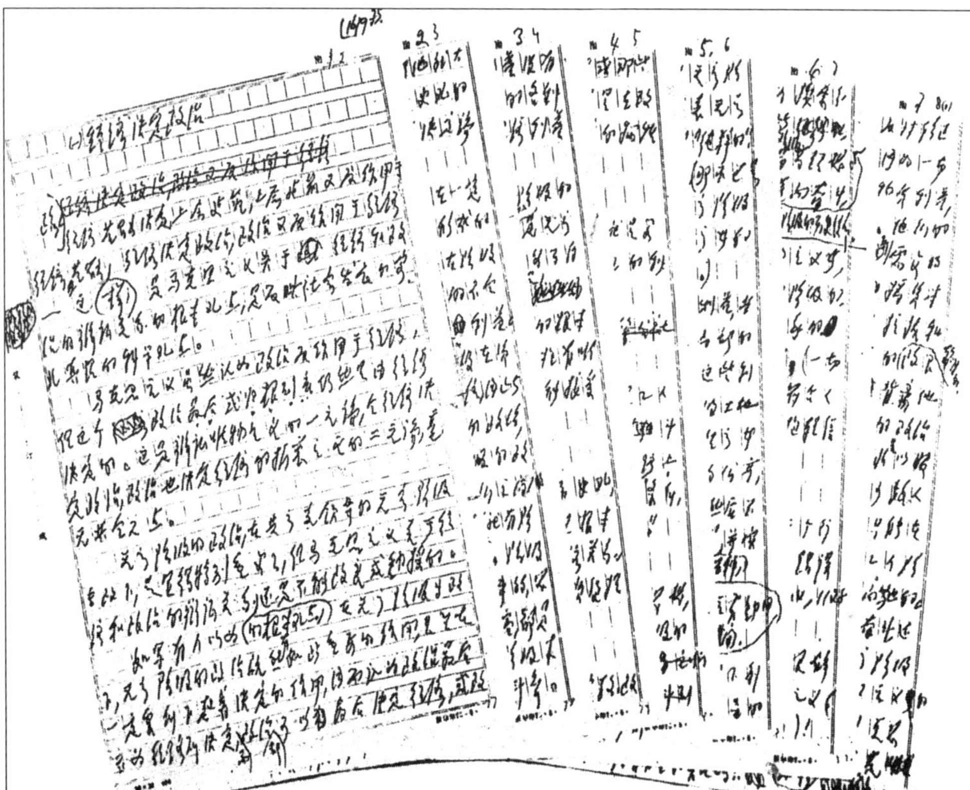

↓《无产阶级专政下的政治和经济》手稿。（1975年9月修改增补于无锡）

↑ 1975 年 9 月，张闻天在无锡蠡园与亲属和工作人员合影。左起：苏宝林（外甥）、马文彬（外甥）、张昌麟（侄儿）、张闻天、张小倩（养女）、苏宝娟（外甥女）、黄关祥（工作人员），张闻天身前为孙女冬燕。（朱耀清　摄）

↑ 1976 年春，张闻天于无锡鼋头渚长春桥畔留影。（朱耀清　摄）

↑ 1976年春，张闻天与夫人刘英及医务人员在无锡鼋头渚合影。后排左起：刘英、周铭、张闻天、李鹤强；前排左起：过志清、张敏群、邵力正、黄关祥。（朱耀清　摄）

↑ 1976春，张闻天和刘英于鼋头渚合影。（朱耀清　摄）

闻天适应不了。11 月初冠心病发，接着又因感冒引起肺水肿，住院二十多天。出院后即移居新生路 7 号招待所。这时，邓小平复出后主持各方面整顿出现的转机又被逆转。评《水浒》，“反击右倾翻案风”，周恩来逝世，天安门事件……一个个政治风暴在张闻天心里激起层层波澜。从 1976 年 2 月起，房颤、心绞痛、急性肺水肿频频发作，病情益趋重笃。4 月 23 日、5 月 22 日竟两次出现“急性

↓张闻天病危时同刘英商定：死后把存款作为党费上交。这是刘英写的字据。

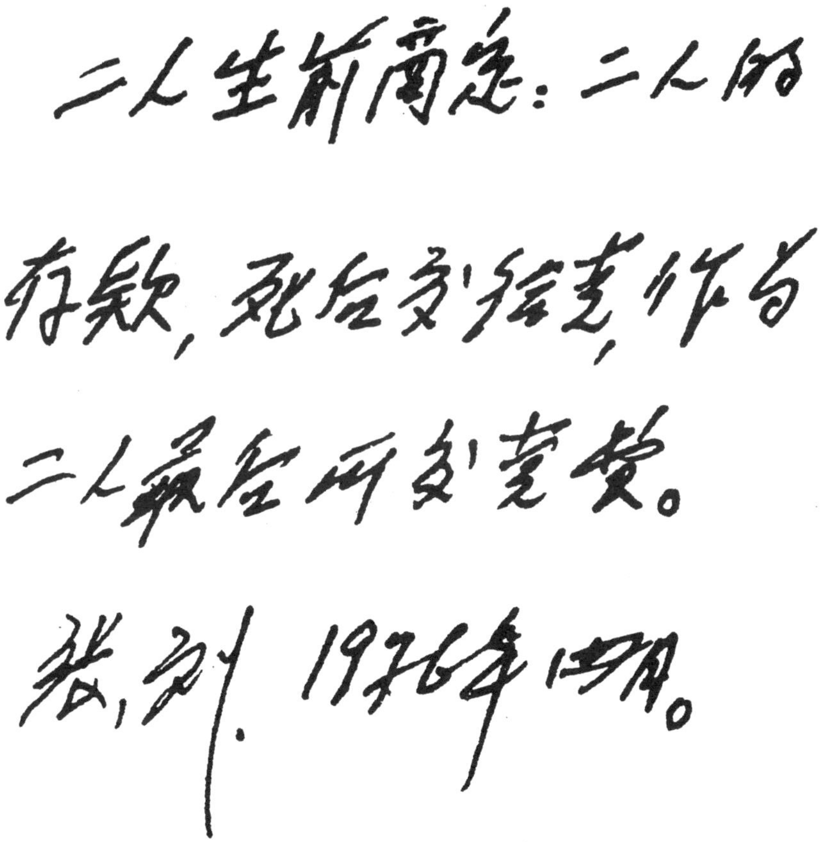
二人生前商定：二人的存款，死后交给党费，作为二人最后所交党费。
张，刘。1976年4月。

左心衰竭”、心室停搏等险情。[①]4月下旬病重时，张闻天对坐在床前的夫人刘英说：“我不行了，别的倒没有什么，只是这十几年没能为党工作，深感遗憾。”他一再重复：“我死后替我把补发给我的工资和解冻的存款全部交给党，作为我最后一次党费。”并要刘英当场写下字据。[②]

↓ 1976年7月1日，张闻天在无锡逝世。

1976年7月1日，是中国共产党成立55周年纪念日。张闻天清晨听完新闻节目，喝了几口米汤，就闭目静卧休

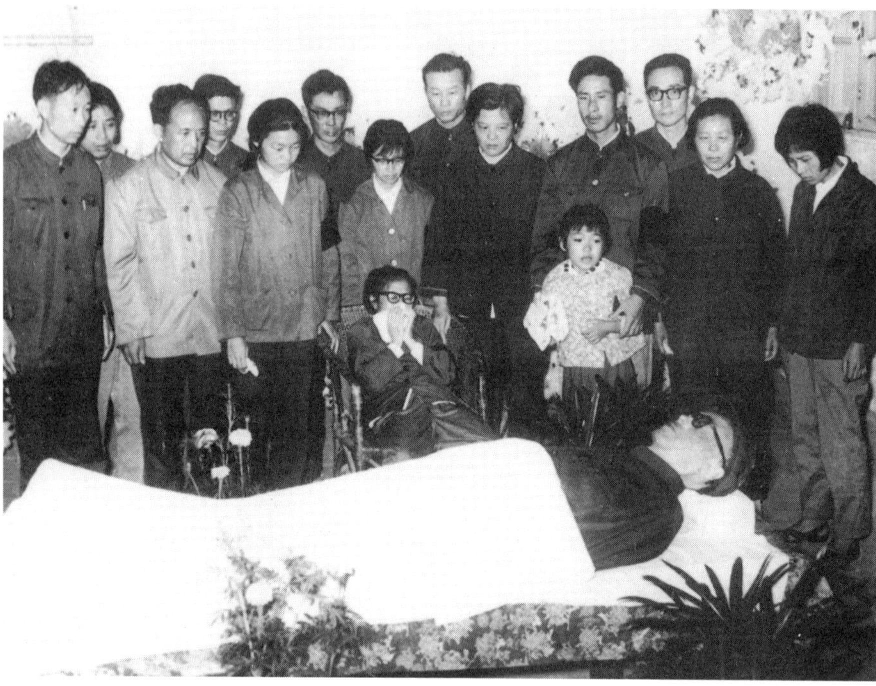

① 据：“张普病历”；中共江苏省委组织部向中央组织部作的历次“张普同志病情报告”。

② 刘英：《身处逆境的岁月——忆闻天》，《回忆张闻天》，湖南人民出版社1985年版，第343页。张闻天逝世后，刘英即将储蓄4万元连同利息169．6元作为党费上交。

↑张闻天逝世后花圈上只能写“献给老张同志”。

息。下午精神稍好，3点半钟，坐在沙发上翻阅一份外文的商品说明书，介绍一种新式轮椅，可以方便老弱病人活动，很感兴趣。他同刘英等闲谈，希望搞一张，还风趣地说：“生命在于运动嘛！”可是，还不到一小时，就因心脏病猝发而离开了人间。

张闻天逝世一个星期以后，上面有关部门才电话答复中共江苏省委：不开追悼会，骨灰盒存放无锡，在南京《新华日报》发一消息。7月9日，刘英及亲属向遗体告别，花圈上不许出现张闻天的名字，仍只好用“张普”或“老张”。直到7月13日才在《新华日报》第3版右下角以“本报讯”的报道方式，登出北京方面拟定的张闻天逝世消息。全文78个字：“中国科学院哲学社会科学部经济研究所特约研究员张闻天同志，因长期患心脏病，医治无效，于一九七六年七月一日在江苏无锡病故。张闻天同志一九二五年加入中国共产党。终年七十六岁。”

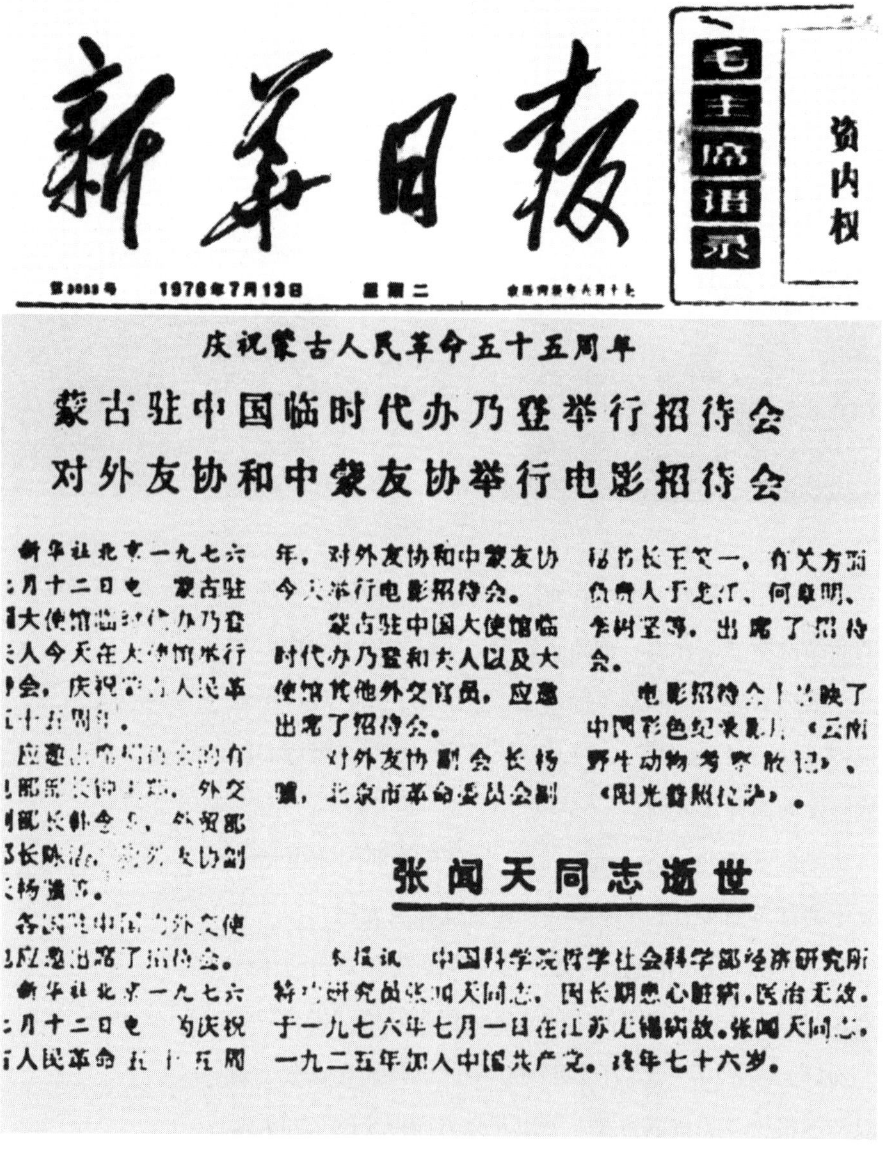

新华日报

1976年7月13日 星期二

毛主席语录

庆祝蒙古人民革命五十五周年

蒙古驻中国临时代办乃登举行招待会

对外友协和中蒙友协举行电影招待会

新华社北京一九七六年[illegible]月十二日电 蒙古驻[illegible]大使馆临[illegible]代办乃登[illegible]人今天在大[illegible]馆举行[illegible]会，庆祝[illegible]人民革[illegible]十[illegible]周[illegible]。

应邀[illegible]外交[illegible]部长[illegible]，外贸部[illegible]长[illegible]友协副[illegible]杨[illegible]。

各[illegible]外交使[illegible]应邀出席了招待会。

新华社北京一九七六年[illegible]月十二日电 为庆祝[illegible]人民革命五十五周年，对外友协和中蒙友协今天举行电影招待会。

蒙古驻中国大使馆临时代办乃登和夫人以及大使馆其他外交官员，应邀出席了招待会。

对外友协副会长杨骥，北京市革命委员会副秘书长王笑一，有关方面负责人于[illegible]、何[illegible]明、李树坚等，出席了招待会。

电影招待会上放映了中国彩色纪录影片《云南野生动物考察散记》、《阳光普照[illegible]》。

张闻天同志逝世

本报讯 中国科学院哲学社会科学部经济研究所特约研究员张闻天同志，因长期患心脏病，医治无效，于一九七六年七月一日在江苏无锡病故。张闻天同志，一九二五年加入中国共产党，终年七十六岁。

↑登载张闻天逝世消息的《新华日报》。

“历史最公正”

“四人帮”对张闻天的冷酷，无损于张闻天的光辉。张闻天生前坚信：“历史最公正，是非、忠奸，这一切，历史终将证明，终将作出判断。”① 在张闻天逝世后不到100天，党和人民一举粉碎了“四人帮”，结束了“文化大革命”十年内乱。1978年12月，党的十一届三中全会纠正了过去对彭德怀、张闻天等同志所作的错误结论。1979年8月25日，中共中央在北京人民大会堂召开大会，隆重追悼张闻天。追悼会由陈云主持，邓小平致悼词。②悼词赞颂“张闻天同志的一生是革命的一生，是忠于党、忠于人民的一生”，庄严宣布：“现在，党中央为张闻天同志一生的革命活动，作出了全面、公正的评价，决定为他平反和恢复名誉”。悼词号召向张闻天学习：“我们悼念张闻天同志，就要学习他服从真理，诚恳修正错误，勇于进行自我批评，善于吸取历史经验的优秀品质；学习他作风正派，顾全大局，以党的利益为重，不突出个人，不计较

① 刘英：《身处逆境的岁月——忆闻天》，《回忆张闻天》，第341页。

② 悼词载1979年8月26日《人民日报》。

↑ 1979 年 8 月 25 日，张闻天同志追悼会在北京人民大会堂隆重举行。图为追悼会会场。

↑邓小平同志代表中共中央致悼词，对张闻天的一生作出公正的评价。

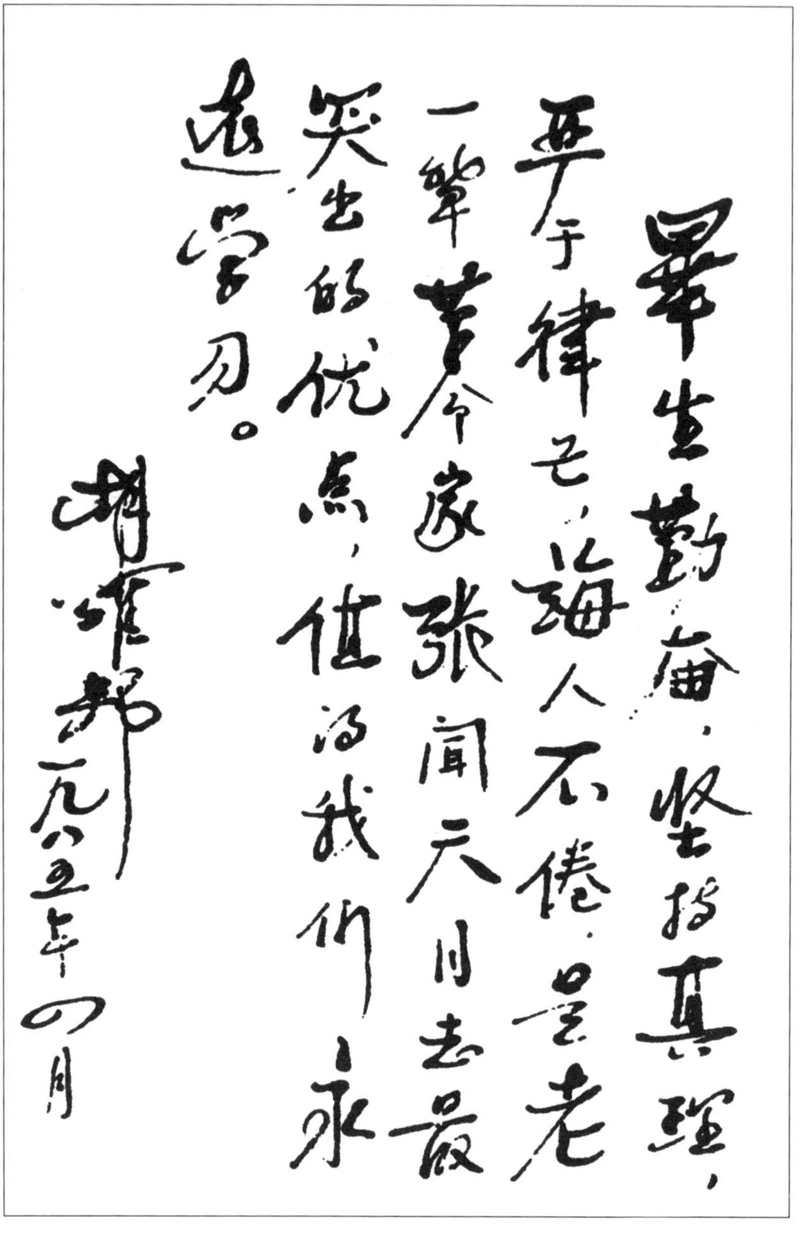

毕生勤奋，坚持真理，严于律己，诲人不倦，是老一辈革命家张闻天同志最突出的优点，值得我们永远学习。

胡耀邦
一九八五年四月

↑胡耀邦题词。

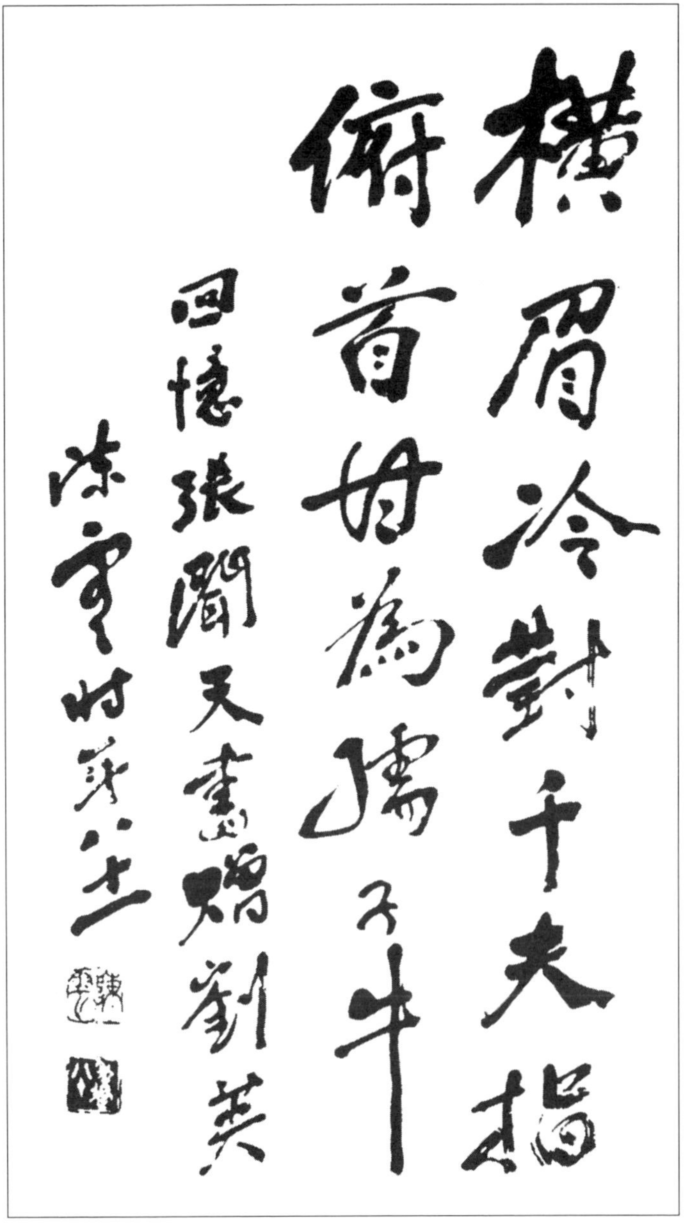

↑陈云题词。

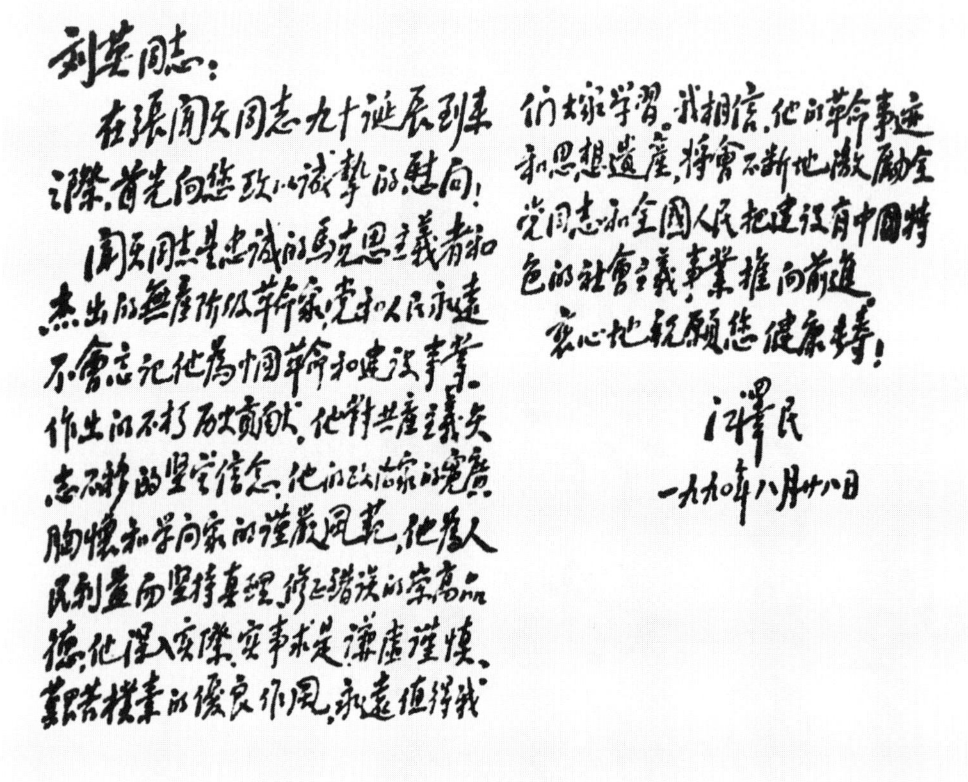

刘英同志：

在张闻天同志九十诞辰到来之际，首先向您致以诚挚的慰问！

闻天同志是忠诚的马克思主义者和杰出的无产阶级革命家，党和人民永远不会忘记他为中国革命和建设事业作出的不朽历史贡献。他对共产主义矢志不移的坚定信念，他的政治家的宽广胸怀和学问家的谨严风范，他为人民利益而坚持真理、修正错误的崇高品德，他深入实际、实事求是、谦虚谨慎、艰苦朴素的优良作风，永远值得我们大家学习。我相信，他的革命事迹和思想遗产，将会不断地激励全党同志和全国人民把建设有中国特色的社会主义事业推向前进。

衷心地祝愿您健康长寿！

江泽民

一九九〇年八月廿八日

↑在纪念张闻天诞辰90周年之际，江泽民总书记致信刘英慰问，高度赞扬张闻天。

个人得失的坚强党性；学习他谦虚谨慎，艰苦朴素，平易近人，处事民主，善于团结干部的优良作风；学习他终身好学，不断求知，重视调查研究，坚持实事求是的科学态度；学习他胸怀坦白，光明磊落，爱憎分明，敢于斗争的革命精神。”

1985年8月30日，在张闻天诞辰85周年之际，包括庐山会议发言和“政治经济学笔记”、“肇庆文稿”的精采篇章在内的《张闻天选集》，由人民出版社出版。张闻天生前的遗愿终于实现。《张闻天选集·编辑说明》高度评价张闻天的历史功绩和理论贡献，指出：“张闻天同志是伟大的马克思主义者，杰出的无产阶级革命家和理论家，党在一个较长时期的重要领导人。他对新民主主义革

↑ 1995 年 8 月 30 日，《张闻天文集》一至四卷出版暨纪念张闻天同志诞辰 95 周年座谈会结束后，江泽民、李鹏同张闻天夫人刘英亲切交谈。

命、社会主义革命和社会主义建设事业的胜利，对作为党的集体智慧结晶的毛泽东思想的形成和发展，作出了重要贡献。”

是的，历史最公正！随着时间的推移，张闻天的理论创造和革命业绩，崇高品德和优良作风，越来越赢得全国各族人民，广大党员、干部、知识分子和青年的敬佩。在张闻天诞辰 90 周年时，北京举行了隆重的纪念活动。上海、南京、遵义、佳木斯、无锡等地也以多种形式纪念他。国家主席杨尚昆发表纪念文章，称张闻天是“共产党人的楷模，革命知识分子的典范”[①]。中共中央总书记江泽

① 杨尚昆:《纪念张闻天同志》，1990 年 8 月 30 日《人民日报》。

民致函刘英说：“党和人民永远不会忘记他为中国革命和建设事业作出的不朽历史贡献。他对共产主义矢志不移的坚定信念，他的政治家的宽广胸怀和学问家的谨严风范，他为人民利益而坚持真理、修正错误的崇高品德，他深入实际、实事求是、谦虚谨慎、艰苦朴素的优良作风，永远值得我们大家学习。”①

是的，历史最公正！张闻天的理论创造，将永远为人们学习、研究。张闻天的英名，将永远活在全体共产党员和全国人民的心中。

① 江泽民致刘英的信（1990 年 8 月 28 日），1990 年 8 月 30 日《人民日报》。

后　记

《中共大理论家张闻天画传》是在张闻天选集传记组长期工作成果的基础上编辑而成的。

中共十一届三中全会实现了伟大的历史转折，张闻天同志得到平反昭雪。1979 年 8 月 25 日，中共中央举行张闻天追悼大会，为他恢复名誉。会后，经中央批准，成立了邓力群同志任组长的张闻天选集传记组。领导小组成员为：马洪（副组长）、曾彦修、何方、徐达深、孙尚清等。编辑工作组组长为萧扬（1979—1985）、张培森（1986—至今）。长期参加编辑组工作的成员有：程中原、施松寒、程慎元、张兆宪、张青叶、叶晖南等；先后参加编辑组工作的同志有：李定国、清庆瑞、周静、金松林、张兆本、荣植、赖万宁、郑小燕、刘银雪、倪立羽、夏安平、肖宏、朱文英等。三十多年来，张闻天选集传记组编辑出版了大量张闻天著作。在 1985 出版《张闻天选集》（人民出版社）之后，编辑出版了四卷本《张闻天文集》（中共党史出版社，1990 年版、1992 年版、1994 年版、1995 年版）。在此前后，还编辑出版了专题文集：《神府县兴县农村调查》（人民出版社 1986 年版），《张闻天庐山会议发言》（北京出版社 1990 年版）；出版了编辑组成员程中原编辑的《张闻天早年文学作品选》（人民文学出版社 1982 年版）、《张闻天早期译剧集》（中国戏剧出版社 1984 年版）和《张闻天译文集》（译林出版社 1999 年版）；出版了纪念、回忆文集《悼念张闻天同志》（马洪主持，中国社会科学出版社 1979 年版）。此外，同有关部门和单位合作编辑出版了《张闻天早期文集（1919—1925）》（与张闻天故居管理所、北京大学图书馆合编，中共党史出版社 1999 年版），《张闻天论青年修养与待人接物》（与共青团中央宣传部合编，中共党史出版社 1995 年版），《张闻天建议开放市场的报告》（与无锡市党史工委合编，中共党史出版社 1995 年版），《张闻天社会主义论稿》（与上海市党史研究室合编，中共党史出版社 1995 年版），《张闻天晋陕调查文集》（与山西、陕西两省党史研究室合编，中共党史出版社 1994 年版）。支持或协助有关单位编辑出版了《张闻天与遵义会议》（遵义会议纪念馆编，费侃如主编，中共党史资料出版社 1990 年版），《张闻天东北文选》（陈伯村主编，施松寒、张耀明副主编，黑龙江人民出版社 1990 年版）；张闻天翻译的《西洋史大纲》手稿影印本（上海辞书出版社 2003 年版），张闻天编著的《中国现代革命运动史》（中国人民大学出版社 1987 年版）；《张闻天在肇庆》（肇庆市党史办公室编，广东人民出版社 1987 年版）、《张闻天在无锡》（无锡市党史工委编，中共党史资料出版社 1990 年版），《张闻天在合江》（佳木斯市党史研究室编，魏燕茹主编，中共党史资料出版社 1990 年版），《张闻天在辽东》（丹东市党史研究室编，中共党史出版社 1995 年版）。

与此同时，张闻天选集传记组还广泛采访，搜集史料，编辑出版了《回忆张闻天》（湖南人民出版社 1985 年版），记录整理了张闻天夫人刘英的回忆录《我和张闻天命运与共的历程》(中共党史出版社 1997 年版）及其增订版《刘英自述》(人民出版社 2005 年版)，还编辑出版了《刘英纪念集》(中共党史出版社 2005 年版)。

在此基础上，完成了传记编写任务，出版了《张闻天传》(程中原著，当代中国出版社 1993 初版，2000 年修订再版，2006 年三版）和《张闻天在 1935—1938》(年谱，张培森主编，中共党史出版社 1997 年版)、《张闻天年谱》(张培森主编，中共党史出版社 2000 初版，2005 年再版)；还先后编辑出版了《张闻天》画册（张培森主编，中共党史资料出版社 1990 年版）和《张闻天》图册（张培森主编，中共党史出版社 2005 年版)。编辑组成员的研究成果，写成专著或结集出版的，主要有：何方的《谈史忆人——纪念张闻天及其他师友》(世界知识出版社 2010 年版)，张培森的《张闻天与二十世纪的中国》(中共党史出版社 1995 年版，2000 年修订再版)，施松寒的《张闻天思想研究——东北工作时期》(中共党史出版社 1993 年版)，程中原的《张闻天与新文学运动》(江苏教育出版社 1987 年版)、《张闻天论稿》(河海大学出版社 1990 年版）及其增订本《说不尽的张闻天》(中央文献出版社 2008 年版)、《毛洛合作与长征胜利》(河北人民出版社 2007 年版）等。

对张闻天的学习与研究，得到中央领导同志的重视，也引起党史界、理论界的兴趣和有关地方、部门的关注。在中共中央党史研究室指导或主持下，先后举行了多次关于张闻天的纪念会、座谈会和学术研讨会；张闻天选集传记组先后编辑出版了《张闻天研究文集》四集（张培森主编、程慎元、张兆宪副主编，中共党史资料出版社 1990 年版，中共党史出版社 1994

年版、1997年版、2002年版)，汇集了历年全国张闻天研究的成果；选集传记组还协同浦东张闻天故居管理所、无锡市史志办公室、河海大学布置了"张闻天生平陈列"，与中央档案馆、中国革命博物馆一起举办了"张闻天生平图片展"，与中央电视台等单位协作摄制了电视文献纪录片和故事片。

现在出版的这本《中共大理论家张闻天画传》是在以上编研、出版成果的基础上编辑而成的。画传的文字稿由程中原撰写。按照人民出版社策划这套丛书的指导思想，突出了张闻天在新民主主义革命时期和社会主义革命与建设时期的理论创造。对他从投身五四新文化运动到"文化大革命"后期写成肇庆文稿近六十年间的代表作和重要理论观点，作了简明扼要的介绍。画传的图片（包括照片、手迹、书影）由程中原、李建斌从已经出版的《张闻天》画册、图册及《张闻天传》、《毛洛合作与长征胜利》、《刘英自述》等各种出版物上的图片中选配，由李建斌制作。此次新做的工作是尽可能注明选用照片的摄影者和提供者。这也遂了刘英同志的一个遗愿。在此，对这些珍贵照片的摄影者和提供者，表示诚挚的谢忱！对未能注明的照片，如有识者知情，请不吝赐教。

这本画传的文字与图片稿本，经曾彦修、何方、萧扬、张培森等同志阅改，报邓力群同志审定。

本书难免存在缺点、差错和未尽善处，敬请读者惠予指正。

2011年5月9日于京郊宽沟

责任编辑：张伟珍
封面设计：吴燕妮

图书在版编目（CIP）数据
张闻天画传 / 张闻天选集传记组 编. — 北京：人民出版社，2018.1
（中共大理论家画传系列）
ISBN 978 - 7 - 01 - 011174 - 2
I. ①张 … II. ①张 … III.①张闻天（1900~1976）- 传记 - 画册 IV.①K827=7
中国版本图书馆CIP数据核字（2012）第201225号

书　　名　张闻天画传
　　　　　ZHANG WENTIAN HUAZHUAN
编　　者　张闻天选集传记组
执 笔 人　程中原
出版发行　人民出版社
　　　　　（北京市东城区隆福寺街99号　邮编：100706）
邮购电话　（010）65250042 65289539
经　　销　新华书店
印　　刷　北京汇林印务有限公司
版　　次　2018年1月第1版　2018年1月北京第1次印刷
开　　本　710毫米 × 1000毫米 1/16
印　　张　14
字　　数　80千字
印　　数　0,001 – 2,000册
书　　号　ISBN 978 – 7 – 01 – 011174 – 2
定　　价　36.00元